LA PROPRIÉTÉ

ORIGINE ET ÉVOLUTION

LA PROPRIÉTÉ

ORIGINE ET ÉVOLUTION

THÈSE COMMUNISTE

PAR

PAUL LAFARGUE

RÉFUTATION

PAR

YVES GUYOT

PARIS

LIBRAIRIE CH. DELAGRAVE

15, RUE SOUFFLOT, 15

1895

INTRODUCTION

———

I

Quand M. Delagrave m'a proposé d'écrire une
réfutation de l'*Essai sur l'origine de l'évolution de*

la propriété que M. Paul Lafargue lui demandait d'éditer, j'ai accepté volontiers, comme j'ai accepté une discussion sur la réglementation officielle du travail au congrès d'Anvers avec MM. Vandervelde, le chef du parti ouvrier en Belgique, et M. Hector Denis, le docteur belge du socialisme[1]. Peut-être qu'une discussion verbale serait plus difficile avec M. Paul Lafargue, qui, dans son étude, me prévient de ce qu'il pense et dit de moi : « Les adversaires du socialisme font entre eux concurrence de mauvaise foi et d'ignorance. » Mais comme nous n'avons ni à nous voir ni à nous parler, je laisse si bien de côté son procédé de polémique que je n'en userai pas pour mon compte.

Je ne m'occupe pas de la qualité de sa foi, qui m'est fort indifférente; ce qui importe, c'est sa thèse. Qu'il la soutienne poussé par tel et tel motif, telle ou telle aberration intellectuelle ou morale, je ne m'en inquiète pas.

Mais je ne suis pas fâché d'aider à l'exhibition de la science de M. Paul Lafargue, qui parle si volontiers de l'ignorance des « adversaires du socialisme[2] ».

1. Discours sur la réglementation officielle du travail, le 21 juillet 1894, publication du *Siècle*.

2. Les chiffres entre parenthèses renvoient aux chapitres et aux paragraphes de l'étude de M. Paul Lafargue.

II

La conception de M. Lafargue est simple comme celle de tous les dualistes. Il oppose deux principes contraires, bien et mal, bon et mauvais génie, lumière et ombre, jour et nuit. Il a remplacé l'Ahrimane des Perses, le Typhon des Égyptiens, le Belzébuth, le Satan des chrétiens, le Warrugûra des Australiens, le Matchi-Manitou des Peaux-Rouges, par le Capital.

Le Capital est un monstre qui se baigne dans un océan de flammes auprès duquel le cratère du Kaulauea, où se complaît la déesse Pelé, n'est qu'une cuvette réfrigérante. S'il fait un geste, c'est pour lancer sur le monde les Euménides et tous les fléaux de la boîte de Pandore. Il se gorge de petits enfants, comme le Moloch de Carthage, de jeunes filles, comme le Minotaure de Crète, et sa voracité épouvanterait le féroce Huitzilopochti, que ne pouvaient rassasier des sacrifices de milliers de victimes : car les siennes sont quotidiennes et se comptent par millions.

Le prêtre de ce génie du mal, qui alimente les autels sanglants du monstre, c'est le Bourgeois, notre vieil ami Joseph Prudhomme, que nous croyions honnête, débonnaire et naïf. Ses lunettes ont le mauvais œil; sa canne est le fléau des peuples; son ventre est le symbole des appétits anthropophagiques de son dieu de ténèbres (ch. I, § 1).

Quel est le héros, le Persée, le saint Michel, le saint Georges, qui délivrera la terre de ce monstre ? Aveugles qui ne le voyez pas! Karl Marx est grand, et M. Paul Lafargue est son gendre !

S'il ne peut anéantir le monstre lui-même, du moins il espère bien qu'il arrivera à exterminer le Bourgeois, qui ne doit attendre aucune miséricorde de sa part ni de celle de ses coreligionnaires, les collectivistes révolutionnaires. C'est une œuvre sainte que de châtier les prêtresses de Pelé et les serviteurs de Huitzilopochtli.

III

Construire de toutes pièces un monstre subjectif, puis l'accabler d'injures, d'anathèmes, d'outrages, de menaces, d'exorcismes et de malédictions, est un phénomène que nous connaissons, puisque le diable plane encore, plus ou moins effacé, sur notre civilisation.

Remplacer le vieux diable à cornes et au pied fourchu, à barbe de bouc et à griffes, qui présidait au sabbat des sorcières et des chats noirs, par un autre, avec un nom nouveau, comme le Capital, ce n'est pas faire œuvre scientifique : c'est exploiter la survivance des terreurs et des haines des âges reculés.

Ceux qui inventent des monstres peuvent obéir à plusieurs mobiles. Don Quichotte en inventait pour avoir la gloire de les combattre. Des malins en inventent pour faire peur aux autres et acquérir une réputation de courage en les bravant. Des charlatans en inventent pour se donner de l'importance, en se pavanant devant la foule : — Ce que vous ne voyez pas, dans votre aveuglement, je le vois, moi, grâce à ma seconde vue !

Mais toute la question, pour des gens qui ont des prétentions à la méthode scientifique, est de démontrer l'existence du monstre.

Or, nous savons bien que Karl Marx charge le capital de tous les crimes, mais il n'a pas démontré que ces crimes sont les résultats du capital. Tous les jours, chacun de nous considère le capital comme chose aussi utile qu'agréable. Je suis convaincu que le rentier M. Paul Lafargue ne le dédaigne pas. Nous voyons qu'il est le levier qui transforme l'univers ; des œuvres gigantesques, la vie quotidienne, les progrès qui se font sous nos yeux, nous affirment qu'il est le plus puissant instrument du génie humain. Cependant, d'après Karl Marx et M. Paul Lafargue, c'est le mal.

Actuellement, « depuis l'infâme Révolution bourgeoise de 1789 », tout est au pis. C'est elle qui a déchaîné tous les fléaux qui peuvent s'abattre sur l'homme, parce qu'elle a affranchi la propriété de la servitude féodale et, en assurant la sécurité au

crédit public, a contribué au développement du
Capital et à l'épanouissement du Bourgeois. Ton
fils est-il malade? c'est de la faute du Capital : si tu
es riche, parce que tu en as abusé ou parce qu'il
en a abusé ; si tu es pauvre, parce que le capital a
tari le sein de sa mère, l'a forcée de se fatiguer
pendant sa jeunesse ou sa grossesse ou l'a jetée
dans un de ces antres qui s'appellent ateliers ou
manufactures. Ton fils est-il soldat, astreint aux
corvées et à la discipline du service militaire,
exposé aux dangers de la guerre? c'est de la faute
du Capital. Industriel, subis-tu une perte, une
concurrence, une crise? c'est de la faute du Capital,
et ton intérêt t'ordonne de t'en dépouiller. Ouvrier
salarié, tu ne peux vivre dans le luxe des hôtels
que tu construis ; ta femme ne peut revêtir les
étoffes de luxe que tu tisses; tu n'as pas du champagne à ton ordinaire, et les truffes ne remplacent
pas les pommes de terre sur ta table; tu as un
logement étroit, et ta femme ne paye son terme
qu'à force d'économies ; tu es obligé de compter
sou à sou pour pouvoir nouer les deux bouts, à
plus forte raison pour mettre quelque chose de
côté ; si tu es malade, tu es obligé d'aller à l'hô-
pital ; et ton travail t'expose à des accidents et à
des maladies. Tu es la victime du Capital.

IV

Il faut un mot à opposer à ce mot, une puissance bienfaisante à cette puissance infernale, Ormuzd à Ahrimane : c'est le Socialisme.

Fais acte de foi au Socialisme, et tous les maux du monde disparaîtront : l'homme ne mourra plus du métier qui le fait vivre ; son travail ne l'exposera plus ni à des accidents ni à des maladies ; chacun jouira selon ses désirs, si illimités qu'ils soient ; il n'y aura plus ni manque de travail, ni pléthore de produits, car tout sera réglé, y compris la pluie et le beau temps ; les risques du soldat disparaîtront dans la paix du communisme révolutionnaire, international et universel ; et il n'y aura plus ni vices ni souffrances, incombant soit à la richesse, soit à la misère, car il n'y aura plus ni riches ni pauvres ; ce sera l'égalité dans le bien-être, et pour entrer dans cet Éden, que dois-tu faire ? — Fais acte de foi au Socialisme et jure par Karl Marx ! *Dignus es intrare.*

Si, malgré ces promesses alléchantes, de mauvais caractères résistent, alors malheur à eux ! Ils n'ont pas le droit de nous empêcher de faire le bonheur de l'humanité. *Compelle intrare*, force-les d'entrer, jusqu'à la mort inclusivement, selon les procédés

des inquisiteurs du bon vieux temps à l'égard des
hérétiques et des juifs.

Le devoir du bon Socialiste est d'extirper le
Capitalisme. Il n'a donc pas à hésiter devant les
moyens. Tant pis pour le Bourgeois qui ne s'em-
presse pas d'abandonner son culte du Capital, il
l'extermine. Les docteurs du Socialisme savent
que la persuasion sera insuffisante pour lui faire
lâcher prise. Leur but, hautement affirmé, est de
préparer la grande Révolution sociale où, sur les
ruines du Capitalisme, pourra s'édifier le Communisme triomphant (ch. V, §§ VII, VIII).

V

Le livre de M. Paul Lafargue n'est que le développement de cette idée aussi simple que peu scientifique. Le chapitre I⁰ʳ et le chapitre V sont consacrés à l'énumération des maux qui résultent de la
« propriété bourgeoise » ; les autres chapitres nous
vantent les charmes du communisme primitif, que
M. Paul Lafargue considère comme identique chez
tous les peuples. Les faits que nous avons l'habitude
de considérer comme des caractéristiques du progrès, il les déplore ; au fur et à mesure que disparaît
le communisme primitif, il s'indigne et il s'efforce
d'en retrouver les traces dans les civilisations plus
avancées ; et pour lui, quand leurs institutions ont

quelque valeur, ce n'est que grâce à ces survivances; il a des tendresses affectueuses pour la féodalité, parce que ses banalités en sont empreintes et que chaque groupe a pour idéal de se suffire à lui-même, comme la famille primitive au bon temps où il n'y avait pas de commerce. Il réserve toutes ses colères et toutes ses injures pour la Révolution de 1789, qui a individualisé la propriété, l'a soustraite aux servitudes communes, a détruit les biens communaux, et son idéal est le retour au communisme primitif, qui a été « le berceau de l'humanité, qui est bien l'âge d'or qu'elle a toujours regretté ». Le jour où nous serons parvenus à ce communisme en retour, l'humanité jouira de toutes les félicités (ch. V, § viii).

Ce révolutionnaire semble prendre le mot de révolution dans le sens que lui donnent les astronomes : retour d'un astre au point d'où il était parti.

Pour lui, le serpent qui se mord la queue est le symbole de l'évolution humaine.

Les croyants à la recherche d'une foi ont pour habitude de toujours regarder en arrière, de chercher un patron, un type à reproduire. L'idée du progrès n'existe que concurremment avec la notion de loi[1] : elle en est la conséquence directe et immédiate; en dehors, c'est dans le passé que

---

1. V. sa définition dans *les Principes de 89 et le Socialisme*.

l'homme cherche son idéal ; c'est le cas des socialistes en général et de M. Lafargue en particulier.

VI

Comme, pour exciter notre enthousiasme, il ne
suffirait pas sans doute de désigner pour but à nos
ambitions le retour au communisme de ces Fuégiens qui ne sont pas même propriétaires de leur
nom, puisqu'ils n'en ont pas, M. Paul Lafargue
veut bien nous dire que le communisme de l'avenir ne sera peut-être pas tout à fait identique ;
mais l'humanité ne jouira de la paix que sur les
ruines de la propriété ; car « la propriété est toujours
féroce et sanguinaire » (ch. III, § IV).

Toutefois, plus prudent qu'Irénée [1] et que les uto-
pistes du passé, Thomas Morus, Campanella, Morelly, Fourier, Cabet, il se garde bien d'énumérer
et de spécifier les éléments du bonheur qu'il nous
assigne ; il ne nous donne même pas un aperçu des
conditions d'existence de « la société socialisée ».
Nous devons croire que tout sera bien, sans avoir
l'indiscrétion de demander pourquoi et comment
tout sera bien. Bebel répondait aux députés du centre catholique, qui avaient la curiosité de lui poser
quelques questions sur la nature des délices qu'il

---

1. V. Yves Guyot, *Études sur les doctrines sociales du christianisme.*

promet : « Je vous demanderai comment vous vous
représentez cette vie future dont vous parlez sans
cesse. » (3 février 1893.) Et il a publié une brochure [1] pour démontrer qu'il ne peut pas avoir de
vues précises sur la future société.

Les catholiques auraient pu lui répondre :
« Nous n'offrons le paradis qu'aux morts, et nous
n'avons pas la prétention de l'organiser. Vous
voulez imposer vos utopies aux vivants. Nous
avons donc le droit de vous en demander compte. »

Les socialistes n'ont garde de déférer à cette invitation, parce qu'ils savent que la promesse indé-
terminée, vague et mystérieuse, est plus séduisante que la promesse précise et détaillée. Celle-ci
a forcément des limites, choque tel ou tel goût,
telle ou telle préférence ; et l'autre permet à l'imagination de se promener dans des espaces sans
bornes, où chacun peut mettre ce qui le séduit et
en éliminer tout ce qui ne lui convient pas. Ces
psychologues socialistes escomptent le pouvoir du
mystère, toujours plus terrifiant ou plus séduisant
que la réalité.

C'est de l'habileté ; est-ce de la sincérité ? Aussi
sont-ils féroces contre les naïfs qui, comme
M. Bellamy, essayent de déterminer, en toute
bonne foi, le domaine de leurs rêves [2]. Ils les appellent traîtres. Si M. Richter, dans une étude *Où mène*

1. *Zukunfstaat und Sozial democratie.*
2. *Cent ans après.*

le socialisme, essaye de peindre le bonheur dont jouira un ouvrier quand le programme d'Erfürt[1] sera appliqué, quand le *Vorwaerts* sera le journal officiel de l'empire ; quand la dette publique, y compris la portion qui revient aux caisses d'épargne, sera supprimée ; quand le comité du travail assignera une fonction à l'époux à Magdebourg et une autre à la femme à Oppeln ; quand la propriété terrienne privée sera abolie ; quand tous les objets mobiliers, sauf deux lits, auront été mis en commun ; quand la monnaie sera remplacée en traites tirées sur l'État, désormais seul propriétaire de tous les objets qu'on peut acheter ; quand la cuisine sera nationalisée... les socialistes s'écrient, avec indignation, qu'il a fait la caricature de l'état social qu'ils préparent : et pourquoi la caricature ? qu'en savent-ils, puisqu'ils déclarent qu'ils ne savent pas ce qu'il sera ? En vertu de déductions basées sur les inductions que nous permet l'expérience des siècles, M. Richter a le droit de dire que son tableau est fidèle et exact : et les socialistes se sont enlevé le droit de le contester, puisqu'ils proclament eux-mêmes leur ignorance.

C'est en vain qu'ils ne voudraient avoir que les avantages de leur modestie : nous devons les traîner sur le terrain où ils veulent nous conduire de force et qu'ils se déclarent impuissants à nous décrire ; et s'ils refusent de nous en faire les hon-

1. Voir *Tyrannie socialiste,* p. 13.

neurs, nous avons le droit d'explorer nous-mêmes leur terre.promise.

VII

M. Paul Lafargue trouve plus prudent d'entasser quelques phrases péniblement déclamatoires, pour nous affirmer que la fin communiste justifie tous les moyens socialistes.

Quand j'ai affirmé que les socialistes n'étaient que des régressistes, quelques-uns de mes lecteurs trouvaient que j'allais peut-être un peu loin dans mon affirmation. L'étude de M. Paul Lafargue leur prouvera que je restais en deçà de la vérité. On ne pourra pas m'accuser de tronquer telle ou telle citation pour les besoins de la cause : les lecteurs ont l'ouvrage complet sous les yeux.

YVES GUYOT.

LIVRE PREMIER

CHAPITRE PREMIER

Définition du capital et de la propriété.

I

M. Paul Lafargue, dans une note de son chapitre Ier,
définit le capital toute propriété qui rapporte intérêts,
rentes, bénéfices, mais il refuse cette qualification « au
champ que cultive le paysan propriétaire avec l'aide de
sa famille, au fusil du braconnier, à la barque du
pêcheur, parce que leurs possesseurs les utilisent eux-

mêmes, au lieu de les employer à faire travailler d'autres personnes ». Et comme M. Paul Lafargue aime les images, il conclut : « L'idée de profits est collée au mot capital, comme une robe de Nessus. »

L'animisme qui imprègne M. Lafargue est fréquent chez les peuples qui jouissent du communisme primitif. Il n'est donc pas étonnant que M. Paul Lafargue donne une existence spéciale au capital, aux forces économiques, en fasse des entités qu'il habille d'une robe mythologique.

Mais ces métaphores ne sont pas de la science.

La définition de M. Paul Lafargue est habile, certes, pour flatter des préjugés et des passions : ne considérant pas le champ cultivé par le paysan et sa famille comme un capital, elle permet à M. Jaurès de dire : « Le paysan, petit propriétaire, n'a pas à s'inquiéter de la confiscation de la grande propriété : au contraire, elle sera faite à son profit, pour arrondir son champ. »

M. Paul Lafargue a soin d'excepter du capital maudit le fusil du braconnier : pourquoi pas celui du chasseur, sinon parce qu'il pense que le chasseur, même ne tirant pas profit de son fusil, peut avoir des profits par ailleurs, et que le braconnier, qui est un réfractaire, est plus facile à séduire ?

Voici un paysan propriétaire qui cultive son champ avec ses trois fils : le service militaire prend l'un, la maladie emporte l'autre, le troisième s'est marié. Hier, le champ de ce paysan n'était pas un capital, d'après M. Paul Lafargue ; aujourd'hui, pour en tirer profit, son propriétaire est obligé de prendre des ouvriers ou de l'affermer. Le voici devenu capital : son propriétaire en est-il plus riche ?

M. Paul Lafargue parle de la barque du pêcheur; mais il y a bien peu de pêches maritimes où la barque puisse être conduite par un seul homme : un des fils du patron est sur la flotte, un autre a abandonné la navigation. Si ce pêcheur naviguait avec ses fils, il ne serait pas un odieux capitaliste. Il navigue avec des salariés : le voici devenu bourgeois, exploiteur et voué à toutes les malédictions des socialistes.

Dans la même journée, le même objet, selon la définition de M. Paul Lafargue, changerait de caractère : vous avez un cheval ; vous le montez le matin : ce n'est pas un capital. Vous le faites conduire le soir par votre cocher. C'est un capital.

Vous acceptez, dans une bicoque, un locataire qui paye vingt francs par an. Vous êtes un capitaliste. Vous habitez votre hôtel, qui vous a coûté un million : vous n'êtes qu'un prolétaire, selon M. Lafargue.

Telles sont les singulières conséquences auxquelles aboutit la définition de M. Lafargue. Que lui importe ?

Sa définition n'est pas scientifique ; elle est politique.

Elle lui sert à établir une base pour la guerre de classes et à réunir les forces socialistes pour écraser les odieux capitalistes.

II

Dans sa haine du temps présent, M. Paul Lafargue déclare que le capital est d'origine toute récente et qu'il n'existait pas jadis. Ce nominaliste renforcé, dont l'audace épouvanterait Jean Roscelin, en donne pour raison que le mot est du XVIIIe siècle. En vertu de ce raisonnement qu'une chose n'existait pas tant qu'elle

n'avait pas de nom, l'air eût été privé d'oxygène jusqu'à ce que Priestley l'eût découvert et Lavoisier l'eût
dénommé; et Pasteur devrait être considéré comme le
père des légions de microbes qu'il a révélés et baptisés!

Du reste, M. Paul Lafargue se donne lui-même la
peine de réfuter son assertion, puisqu'il a essayé de
faire une étude sur l'histoire de la propriété : or, il
tient la propriété dont le possesseur tire un profit,
pour un capital, et dans les civilisations les plus primitives nous voyons fonctionner ce capital. Le mot latin
capitale n'est pas moderne et il a donné le mot *cheptel*,
en usage dans le moyen âge, auquel s'applique la définition du capital de M. Lafargue, puisqu'il représente un bétail confié par un propriétaire à un fermier
pour le nourrir et le soigner, avec partage du profit.
M. Lafargue, en prétendant que le mot capital ne
doit s'appliquer qu'à « une propriété qui rapporte intérêts, rentes, bénéfices ou profits, mise en valeur non
par son propriétaire, mais par des salariés », en revient
à la signification antérieure à celle des économistes.

Dans la civilisation patriarchale, le chef de la tribu
a le bétail, les tentes, les armes, les provisions; il les
prête et les répartit à des membres de sa tribu, seulement il n'intervient pas de contrat entre eux et lui:
en vertu de son autorité, réglée plus ou moins par la
coutume, il impose ses conditions.

Si la tribu devient conquérante, elle exploite le sédentaire conquis; lequel travaille pour ses vainqueurs,
laboure pour eux : c'est le Khammès soumis aux Arabes; c'est le colon romain. Cependant, en dépit de sa
propre définition, le propriétaire des *latifundia* n'était
pas un capitaliste pour M. Paul Lafargue.

Pendant le moyen âge, M. Paul Lafargue ne regarde pas comme un capitaliste le châtelain qui, s'étant constitué un repaire redoutable, obligeait aux plus dures redevances personnelles les gens à qui il permettait de vivre dans le rayon de sa tyrannique protection. Cependant l'analogie est telle que les socialistes sont les premiers à dénoncer les barons de la finance et la féodalité financière.

Il y a toutefois une distinction essentielle à faire : la civilisation romaine et la civilisation féodale étaient basées sur l'exploitation du vaincu par le vainqueur ; la richesse avait pour origine la conquête et le pillage. La civilisation moderne est basée sur l'appropriation des agents naturels aux besoins de l'homme : l'augmentation du capital ne résulte pas du pillage du plus faible, mais d'une meilleure utilisation des qualités de la nature et des forces sur lesquelles nous pouvons agir.

III

Dans les premiers siècles du christianisme, les Pères et les docteurs ne cessent de récriminer contre l'exploitation du débiteur par le prêteur ; l'Église interdit aux clercs le prêt à intérêt : il s'en trouvait donc qui étaient des capitalistes. Par sa lettre décrétale de 445, le pape saint Léon l'interdit aux laïques. Charlemagne confirme cette interdiction dans le capitulaire d'Aix-la-Chapelle de 789, et le prêt à intérêt est resté prohibé jusqu'à la Révolution, alors que les rois donnaient eux-mêmes l'exemple d'emprunts et de taux d'autant plus usuraires que le crédit offrait moins de garantie.

Il y avait donc des capitalistes sous l'ancien régime, comme le prouvent les banquiers du trésor : et c'est une étrange contradiction de la part de M. Paul Lafargue de citer le nom de Samuel Bernard et de nier leur existence. Il n'est pas sans ignorer l'existence des fermiers généraux : préfère-t-il leur manière de s'enrichir à celle dont se constituent aujourd'hui les grandes fortunes mobilières?

Mais à quoi bon prolonger cette démonstration? Il y avait dans l'Égypte et dans l'Inde anciennes, des capitalistes, qui se livraient à la commandite industrielle et commerciale : il y avait à Athènes des capitalistes qui, en toute liberté, risquaient leurs capitaux dans leurs navires et dans leurs opérations commerciales. Il y en avait dans les républiques commerciales au moyen âge : à Venise, où nous voyons une banque dès 1157; à Barcelone en 1349; à Gênes en 1407; à Cahors, qui était la bourse de tout le commerce français; il y en avait à Marseille, à Arles, à Avignon; il y en avait à Lyon, le grand centre commercial, intermédiaire entre le Nord et le Midi; il y en avait à Montpellier, qui donnait des lettres d'habitanage, sans s'inquiéter de leur langue, de leur nationalité ni de leur religion, à tous ceux qui venaient y commercer. Il y en avait, puisque les juifs venaient chercher la sécurité et un élément à leur activité dans toutes ces cités commerçantes; il y en avait dans les villes hanséatiques, qui ont révélé l'Angleterre à elle-même, fondé la puissance commerciale des Pays-Bas et le droit maritime; il y en avait parmi les Lombards, qui ont établi les principes de la société par actions; il y en avait, puisque l'histoire nous a laissé les noms de grands financiers et de grands marchands,

comme Fugger, Jacques Cœur; de hardis armateurs,
comme Ango.

Je cite ces noms et ces faits, non pas pour achever
ma démonstration, faite dès le premier mot, mais pour
montrer que si, dans les civilisations guerrières fon-
dées sur la conquête, le capital représente l'instrument
d'exploitation du vaincu par le vainqueur, il a été,
dans les organisations productives, ayant pour éléments
d'activité l'industrie et le commerce, le grand facteur
du progrès.

IV

Ce n'est pas le nom du « capital » qui a été inventé
par les économistes; c'est son rôle qu'ils ont déterminé
et expliqué. Jusqu'à Turgot, ce mot ne s'appliquait qu'à
une somme d'argent prêtée à intérêts. Turgot constata
en théorie qu'il était indifférent que cette somme de
valeur consistât en une masse de métal ou toute autre
chose[1] : il ne faisait que mieux adapter le mot à la pratique, puisque le fermage de la terre et le cheptel exis-
taient.

Comme on commence toujours par le compliqué,
Adam Smith distingue entre le stock (fonds de commerce, fonds publics), le bien-fonds et le capital. La distinction entre le capital et le stock fut la première
abandonnée; la distinction entre la propriété foncière
et le capital a continué d'être maintenue par des économistes qui, au lieu d'observer par eux-mêmes, se bor-
naient à être les commentateurs et les scoliastes des
physiocrates, d'Adam Smith et de J.-B. Say.

1. MAURICE BLOCK, *les Progrès de la science économique.*

Maintenant, la plupart des auteurs, tout en ayant abandonné ces catégories scolastiques, ne comprennent dans le mot capital que les utilités destinées à la production.

Ils ne distinguent pas, contrairement à M.'Lafargue, entre la production personnelle et la production impersonnelle. Ils considèrent la charrue comme un capital, que ce soit son propriétaire ou un salarié qui en tienne les mancherons. Mais cette définition a un inconvénient : elle fait une distinction entre la maison d'habitation, par exemple, qui n'est pas un instrument de production, et l'étable, qui est un instrument de production.

Pour mon compte, je m'en tiens à la définition que j'ai donnée dans la *Science économique :*

Est utilité tout agent naturel approprié par l'homme;

Toute utilité est un capital ;

Le capital d'un individu est l'ensemble des utilités possédées par lui.

La hache de pierre de l'homme préhistorique, la hutte du Pechuerais de la Terre de Feu est un capital; le poisson pêché par l'Australien est un capital.

Adam Smith avait, sans préciser suffisamment, distingué deux sortes de capitaux : le capital fixe et le capital circulant.

Cette distinction, non seulement est réelle, mais elle donne l'explication de quantité de phénomènes économiques inexplicables autrement.

Vous avez une maison, une machine, un champ; cette maison, cette machine, ce champ, ne vous seront utiles qu'à la condition de conserver leur caractère primitif. Vous avez un arbre à fruits. Il ne vous sera utile

que tant qu'il restera à l'état d'arbre. Ce sont les capitaux fixes.

Vous avez besoin de charbon pour faire mouvoir
votre machine, d'engrais pour fertiliser votre champ;
vous consommez du bois pour vous chauffer, des aliments pour vous nourrir : tous ces objets ne vous donnent de l'utilité qu'à la condition de se transformer, de
perdre leur identité. Ce sont des capitaux circulants.

Votre champ, fertilisé par votre engrais, vous donne
du blé, votre poirier vous donne des poires. Ce blé ne
vous sera utile que si vous le convertissez en pain pour
vous ou si, en le vendant, vous le convertissez en monnaie. Il en sera de même pour les poires que vous avez
cueillies. Ces produits ne vous rendent des services qu'à
la condition de perdre leur identité intrinsèquement ou
par rapport à leur possesseur.

Ce sont encore des capitaux circulants.

Un meuble, chez le marchand de meubles, est un capital circulant, car il ne peut lui rendre de services qu'au
moment où il se transforme en valeurs; il devient capital
fixe chez celui qui l'achète pour un usage permanent.

Le bœuf destiné au boucher est un capital circulant;
le bœuf de labour est un capital fixe.

L'or enfermé dans la cassette d'Harpagon lui donne
des soucis, mais ne lui rend pas de services. Il ne peut
lui être utile qu'à la condition de se transformer en
autres capitaux. C'est donc un capital circulant.

Harpagon le prête-t-il, ce n'est pas de l'or qu'il prête,
c'est tout simplement un véhicule de valeurs, que celui
qui l'emprunte transformera le plus rapidement possible en objets qui pourront lui être utiles : machines,
objets de production ou d'agrément.

La définition exacte du capital fixe et du capital circulant est donc celle-ci :

Le capital fixe est toute utilité dont le produit ne change pas l'identité.

Le capital circulant est toute utilité dont le produit change l'identité, soit relativement à elle-même, soit relativement à son possesseur.

Ou plus simplement :

Le capital fixe, c'est l'outil.

Le capital circulant, c'est la matière première et le produit.

Sont classés parmi les capitaux fixes :

Sol, mines, constructions, machines, outillages, navires, voitures, animaux servant à l'exploitation, ustensiles de ménage, meubles, objets d'art.

Et parmi les capitaux circulants : matières premières, marchandises destinées au commerce, monnaie[1].

Les actions et les obligations, les titres de rentes sur l'État, ne doivent être rangés ni dans l'une ni dans l'autre catégorie de capitaux.

Les obligations et les titres de rente sont des créances sur des capitaux, voilà tout ; les actions ne sont que des signes représentatifs des capitaux fixes qui, eux, produisent de l'utilité : ce sont les fractions d'un titre de propriété ; elles portent intérêt, mais elles ne produisent pas plus d'intérêt ni de profit que le titre unique d'une propriété enfermé dans un tiroir.

Le capital immobilier est un instrument de production, rien de plus. Il donne de l'utilité sous forme

_____

1. V. Menier, *Théorie et Application de l'impôt sur le capital;* — Yves Guyot, *la Science économique.*

d'agrément ou sous forme de produits destinés à la consommation personnelle du propriétaire ou à la consommation d'acheteurs étrangers. Le propriétaire, au lieu de l'exploiter lui-même, peut le prêter à un tiers comme il pourrait prêter de l'or, s'il en avait réalisé la valeur. Celui qui emprunte cette terre pour en user pour ses commodités, son plaisir ou son profit, lui paye une rémunération annuelle qu'on appelle rente ou fermage, et qui est identique à celle qu'il payerait s'il avait reçu l'équivalent en billets de banque ou en écus.

Beaucoup de personnes regardent si bien le capital immobilisé comme la seule propriété, qu'elles ont l'habitude de supprimer, quand elles en parlent, l'épithète qui la caractérise. Nous avons un exemple de ce préjugé dans le titre même que donne M. Lafargue à son étude. Il parle de la propriété comme le ferait un paysan pour qui la terre est tout et qui ignore les autres capitaux. En réalité, *le mot propriété s'applique à toutes les utilités possédées par l'homme.*

Le progrès économique consiste dans une appropriation par l'homme de plus en plus facile et complète des qualités de cet ensemble de choses et de forces qu'on comprend sous le nom d'univers. Il ne crée pas ; il utilise.

Quand le lazzarone s'étend sur les plages du golfe de Naples, il utilise à son profit la chaleur du soleil. Si quelqu'un veut le déplacer, il résiste : « Cette place est à moi, » dit-il. Si quelqu'un vient s'interposer entre lui et le soleil, il dit, comme Diogène à Alexandre : « Retire-toi de mon soleil ; » et il fait ainsi acte de propriété sur le soleil. De même le vigneron qui expose une vigne au soleil, dans certaines conditions, qui « a

2

un climat », comme on dit en Bourgogne ; et cependant s'il y a une puissance hors d'atteinte de la mainmise de l'homme, c'est cette chaleur et cette lumière répandues partout. Mais on ne peut en jouir, en utiliser telles ou telles qualités que dans telles ou telles conditions, sur tel ou tel espace plus ou moins limité. Un photographe construit ou loue un atelier de manière à être propriétaire d'une part de soleil.

On peut demander maintenant quelles sont les différences existant entre ces trois termes : capital, richesse, propriété.

Le Fuégien qui a un méchant bateau a certainement un capital ; c'est un instrument de travail pour lui.

Il est riche relativement à son compatriote qui n'en a pas ; il est pauvre relativement au matelot bien vêtu, mangeant tous les jours de la viande et des haricots, buvant du vin et du tafia, qui contemple avec dédain sa nudité grelottante.

Si le matelot veut s'emparer du bateau du sauvage, celui-ci le défendra ; et si le sauvage veut prendre sans permission le bonnet du matelot, celui-ci le repoussera. L'un et l'autre feront acte de propriété.

Le mot *capital* s'applique à la fonction des utilités possédées.

Le mot *richesse* s'applique à la quantité relative des utilités possédées par un individu ou un groupe d'individus.

Le mot *propriété* s'applique au droit qu'un individu ou un groupe d'individus exerce sur elles.

Je le définis ainsi :

La propriété est la faculté exclusive pour un individu ou un groupe d'individus de disposer d'utilités spécifiques.

Telles sont nos définitions. M. Lafargue en est encore aux définitions que donnaient les prédicateurs et les Pères de l'Église, quand ils lançaient leurs anathèmes contre l'usure. Quels retardataires que ces socialistes !

CHAPITRE II

L'âge d'or communiste.

I

Chapitre Ier, première ligne : première affirmation, première erreur de M. Paul Lafargue : « La propriété est pour les économistes un phénomène social soustrait à la loi d'évolution qui gouverne le monde matériel et intellectuel. »

M. Paul Lafargue procède par affirmations dogmatiques qui rappellent les docteurs du temps de Molière. Il prouve que l'ignorance est une indépendance. S'il avait ouvert seulement Adam Smith et J.-B. Say, il aurait vu que les économistes avaient eux-mêmes signalé que la propriété n'avait pas toujours été identique à elle-même. On verra plus loin que M. Paul Lafargue éprouve la plus violente indignation contre les modifications qu'a fait subir la Révolution française à la propriété foncière; il ignore que la plupart de ces modifications avaient été réclamées par les physiocrates, qui ne considéraient pas les institutions féodales qui l'écrasaient, comme immuables dans le passé et dans l'avenir.

S'il m'est permis d'invoquer mon propre témoignage, je rappellerai que je disais dans la *Science économique:* « La propriété foncière, comme toutes les propriétés, est susceptible de recevoir plusieurs formes variables selon le degré de civilisation des peuples, selon leur organisation, les productions et le mode d'exploitation du sol. »

II

Deuxième paragraphe, première ligne : deuxième erreur : « La propriété d'appropriation personnelle ou

2.

individuelle est la plus primitive forme de l'humanité. »

Je ne comprends pas bien comment « la propriété » peut être « une forme de l'humanité »; mais passons sur ce détail. Si on enlevait aux socialistes les termes impropres de leur phraséologie, que leur resterait-il ?

Après la forme, que nous négligeons, le fond. Qu'est-ce qu'entend M. Paul Lafargue par « cette propriété d'appropriation personnelle ou individuelle qui est la plus primitive forme de l'humanité » ? Il nous le dit : « Susceptible d'une grande extension, elle commence aux aliments; » et voilà pourquoi, comme elle est « la plus primitive forme de l'humanité », le progrès, d'après M. Paul Lafargue, consiste à revenir au communisme.

III

M. Lafargue pourrait-il expliquer comment un être organique pourrait vivre sans l'appropriation de ses aliments ? Si elle n'est pas encore complète quand le Weyddah de Ceylan tient un fruit dans sa main, elle est accomplie quand il l'a introduit dans son estomac. Sa notion de la propriété ne va pas au delà; et les hordes d'indigènes de Bornéo, les Bochimans de l'Afrique australe, ne paraissent pas en avoir une idée plus développée[1].

On ne sait si les Fuégiens de la Terre de Feu, si les Tamasniens délimitent des territoires de pêche ou de chasse. Les Fuégiens ont si peu le sens de la propriété

1. ÉLISÉE RECLUS, t. XVIII, p. 764.

individuelle, que Darwin raconte que si l'on donne à
l'un d'eux une pièce d'étoffe, il la déchire en morceaux
et que chacun en prend sa part.

Mon ami le docteur Letourneau, qui ne doit pas être
suspect à M. Paul Lafargue, car ses livres sont volontiers invoqués par les socialistes, communistes et anar-
chistes, constate, dans son *Évolution de la propriété*,
« la métamorphose graduelle du droit de propriété,
puisque ce droit part toujours du collectivisme pour
aboutir à l'individualisme[1] ».

M. Paul Lafargue, afin de montrer la solidité de sa
doctrine et la rigueur de sa méthode, après avoir
commencé son premier chapitre par la phrase que nous
avons citée, commence son second chapitre en disant :
« Il existe encore des sauvages qui n'ont aucune notion
de propriété foncière, soit individuelle, soit collective,
et qui sont à peine parvenus à la possession individuelle
des objets d'appropriation personnelle. » Et il termine
son chapitre II en disant : « Le communisme a été le
berceau de l'espèce humaine ; la civilisation a partout
détruit ce communisme primitif. »

Et même M. Lafargue dit pourquoi : « L'homme primitif n'a pas l'idée de propriété personnelle, parce
qu'il n'a pas conscience de son individualité. » Je féli-
cite M. Lafargue d'avoir fait la découverte que constate
cette phrase pendant qu'il écrivait son chapitre Ier, qui
commence par une affirmation toute contraire. Ici nous
sommes d'accord sur le fait.

Seulement, tandis qu'il le regrette, comme le docteur
Letourneau, nous n'éprouvons pas le même sentiment.

1. Letourneau, *Évolution de la propriété*, p. 45.

Quand, quittant les populations dont nous venons de parler, Letourneau passe à celles qui représentent la seconde étape de l'humanité, il nous montre les Australiens ayant encore un régime commun poussé au point que tout est à tous, y compris les vêtements, les ustensiles et les femmes. Ils ont moins de prévoyance que le loup, qui, rassasié, enterre les restes de la proie qu'il n'a pu manger[1].

Chez des peuples arrivés à un degré d'organisation supérieure, chez les Otomaques, les Nootka Colombiens, nous trouvons encore le communisme : « La terre est comme l'eau, comme le feu qui ne peut se vendre. »

L'homme de ces civilisations anarchiques a l'intelligence lente et obtuse. Il ne saurait prendre fréquemment de décisions exigeant un effort intellectuel. Il obéit à l'habitude, et la coutume collective régit tous ses actes. S'il tue un kanguroo, l'Australien a pour lui le train antérieur ; le reste est partagé d'après certaines règles ; de même pour le poisson. Sans ces règles méticuleuses, toute chasse serait suivie du massacre des chasseurs entre eux...

Quand on observe les détails donnés sur ces organisations primitives par des voyageurs plus ou moins exacts observateurs, elles ne démentent pas les déductions que certains économistes avaient tirées du fond commun de la nature humaine.

La propriété individuelle a commencé par l'aliment, s'est étendue à l'ustensile, à l'arme, au vêtement, à l'ornement : objets tangibles, préhensibles, que l'individu peut serrer sur lui-même ; résultats de ses recher-

1. LETOURNEAU, *Évolution de la propriété*, p. 45.

ches et de son effort personnel. Ce prolongement de la personnalité est immédiat. L'Esquimau du Groënland a des vêtements, des instruments de pêche, un petit canot. S'il en a deux et s'il en prête un, son emprunteur n'est pas responsable; car pourquoi deux canots? Cette extension de la propriété est trop grande : M. Paul Lafargue est de cet avis.

« L'idée de la propriété privée, qui semble si naturelle aux bourgeois, a été lente à se glisser dans la tête humaine. Quand les hommes ont commencé à réfléchir, ils ont au contraire pensé que tout devait être à tous. » (Ch. II, § IV.)

M. Lafargue a constaté lui-même que les êtres humains qui vivent dans le communisme le plus complet sont les moins capables de réflexion. Quand les hommes commencent à penser, ils affirment, au contraire, leur personnalité par leur appropriation de plus en plus étendue. Le bourgeois actuel ne comprend plus le communisme, pas plus qu'il ne comprend l'anthropophagie. Il ne se perce plus le nez, non plus, pour y suspendre des anneaux; il ne met plus son amour-propre à se taillader la peau pour s'assurer la possession d'un ornement; et M. Lafargue préfère lui-même vivre en bourgeois, au milieu des bourgeois, plutôt que d'aller partager les délices de l'existence communiste des Fuégiens.

IV

Cependant M. Lafargue, qui compile, sans souci des contradictions, tout ce qu'il ramasse dans des récits de voyages, trouve la vie du sauvage de beaucoup supé-

rieure à celle des Français, au triple point de vue
physique, moral, intellectuel. Toutefois il dit lui-même
que des Australiens se frottent de graisse humaine
pour soigner leurs rhumatismes. Ils en ont donc? Leur
santé n'est donc pas parfaite? Ailleurs il a beau nous
montrer « le bourgeois étriqué, empâté de graisse mal-
saine », je persiste à croire que le bourgeois est en
meilleur état que le Fuégien ou le Weyddah. Il affirme
encore que le sauvage est plus fort que l'homme civilisé : comme si des observations fréquentes ne l'avaient
pas montré partout battu par le matelot européen.

L'Australien a le ventre proéminent, les membres
grêles, point de mollets, le cerveau de l'idiot européen.
Il ferait une triste figure dans une lutte avec la moyenne
de nos bourgeois. Tous ces peuples primitifs croupissent dans la plus hideuse saleté, dévorés par la vermine,
la dévorant à leur tour, rongés d'ulcères et de maladies de peau.

M. Lafargue déclare que « la civilisation capitaliste
condamne le prolétaire à végéter dans des conditions de
vie inférieure à celle des sauvages » (ch. Ier, § II); et il
oublie que la plus grande préoccupation de ces malheureux, c'est le tourment perpétuel de la faim. Wallis
raconte avoir vu un Fuégien dévorer un poisson vivant.
Chez les Australiens et les Fuégiens, une baleine
échouée sur le rivage est une fortune inespérée. Ils
s'enfouissent, hommes et femmes, dans sa carcasse
pourrie, travaillent, dans son lard, des mains et des
dents, se vautrent dans sa graisse et se battent sur ses
débris.

Les Cochimi et les Guyacura qui errent encore au
Mexique, changeant presque tous les jours de domicile,

s'abritant contre le vent derrière une broussaille, mangent tout ce qu'ils trouvent[1].

Dans le village de Lunda, sur les bords de la Louapoula, M. Victor Giraud ne trouve qu'un peu de miel et de fourmis blanches. Plus loin, sur les bords du lac Moëro, il rencontre des êtres humains, desséchés et transparents, réduits au régime des feuilles de miombo, battues et bouillies dans l'eau[2].

Les Otomaques essayent de tromper leur faim en mangeant de la terre quand le poisson leur manque.

Schoolcraft[3] estime que chaque Peau-Rouge vivant du produit de sa chasse a besoin de 78 milles carrés; d'après l'amiral Fitzroy, il en faut 68 à un Patagonien; d'après M. Oldfield, il en faut 58 à l'Australien, pour soutenir sa misérable existence.

La Belgique a 500 habitants par mille carré.

Que M. Lafargue compare le plus misérable des Irlandais, le mendiant errant sur nos routes, le vagabond d'habitude, les plus sales, les plus dépenaillés, les plus affamés de ces types, exprimant le dernier degré de la misère et de l'abaissement dans nos civilisations, avec les Weyddahs, les Fuégiens et les nomades australiens. Ils sont vêtus et chaussés plus ou moins; ils ont des maisons pour abri, et peuvent se sécher à un feu de tourbe, de houille ou de bois; ils n'ont pas la terreur perpétuelle du plus fort, qui faisait dire à Livingstone par une négresse : « Il serait bon de dormir sans rêver d'être poursuivie par une lance! » Ils ont du pain, des pommes de terre, des oignons, de temps en temps

1. É. RECLUS, t. XVII, p. 120.
2. *Voyage dans l'Afrique équatoriale*, p. 426.
3. *The red Race of America.*

un morceau de lard, de la viande, du beurre et du fro-
mage. Ils reculeraient tous d'horreur devant l'existence
du Weyddah ou du Fuégien. Le vagabond transplanté
demanderait qu'on lui rendît sa besace et ne rêverait
qu'au bonheur de la prison qu'il choisit pour ses quar-
tiers d'hiver. Il tomberait dans le désespoir de ne pouvoir
retrouver le débitant de whiskey, de gin ou d'eau-de-vie,
qui lui donne à si bon compte le bonheur de l'ivrognerie.

Au point de vue moral (ch. III, § IV), déplorant le
progrès de la propriété, M. Paul Lafargue dit : « On
dut recourir à des châtiments corporels d'une férocité
inouïe, qui étaient en opposition formelle avec les coutumes et les sentiments des sauvages et des barbares...
Ce sont les pères propriétaires qui ont inventé l'horri-
ble *qui bene amat, bene castigat*. Le sauvage ne frappe
pas son enfant. »

Quel sauvage ? Il est vrai que d'Orbigny raconte que
les Yurucarès, dans l'Amérique méridionale, ne se permettent pas de réprimander leurs enfants ; mais quand
ils les gênent, ils les tuent [1].

Chez les Fuégiens, Byron voit un enfant renverser
un panier de moules ; son père le prend par les pieds et
lui brise la tête sur un rocher. Les Australiens, suivant
M. Angas, pour appâter leurs engins de pêche, se servi-
raient de graisse d'enfants tués à cet effet. Schweinfurth
raconte que le roi des Monbottous, Mounya, faisait tuer,
tous les matins, un enfant pour son déjeuner, par goût,
car les ressources végétales et animales étaient abon-
dantes. Ce peuple gourmand ne fait pas commerce
d'esclaves ; il préfère les manger.

1. Élisée Reclus, t. XVIII, p. 667.

Dans toutes les civilisations primitives, la vie humaine n'est pas plus respectée que celle d'un papillon, selon l'expression de Cunningham. Les femmes des Australiens non seulement sont des bêtes de somme qu'on peut surcharger, battre, blesser à volonté, mais encore ce sont des animaux de boucherie. Oldfield dit qu' « on les dépêche avant qu'elles ne deviennent vieilles et maigres, de peur de laisser perdre tant de bonne nourriture ». Cette malheureuse, du reste, mange au besoin la tête de son propre enfant, qu'on lui réserve si c'est lui qui est sacrifié [1]. A la Terre de Feu, Fitzroy, un jour de disette, vit des Fuégiens prendre une vieille femme, l'étouffer en lui mettant la tête dans la fumée, la cuire à peu près et la manger. « Pourquoi pas vos chiens ? observa Fitzroy. — Le chien prend la loutre, » répondirent ces gens pratiques.

Voilà « le sauvage qui ne frappe pas son enfant » et que M. Paul Lafargue, pastichant Rousseau, essaye de nous montrer comme un type séduisant. Il oublie qu'au moment où Rousseau inventait « son homme bon à l'état de nature » que « la civilisation avait corrompu », Cook et Bougainville le voyaient dans la Polynésie, même arrivé à un certain état de civilisation, comme les Vitiens, se repaître de la chair de ses semblables. M. Paul Lafargue tient ces détails pour négligeables, et il déclare avec horreur que « la propriété est toujours féroce et sanguinaire ». M. Paul Lafargue, en sa qualité d'animiste, la traite comme une personnalité. Soit. Il me semble qu'il est impossible à cette entité de l'être plus que ces communistes. Si M. Paul Lafargue a ja-

1. LETOURNEAU, *Évolution de la morale*, p. 84.

3

mais assisté à un repas de propriétaires en France, il les a vus manger des poulardes et des gigots de mouton; mais on ne lui a pas offert le moindre cuissot d'enfant.

Il écrit avec une douleur indignée :

« Ces biens mobiliers (troupeaux, esclaves, bijoux, métaux précieux, etc.), qui, pendant des milliers d'années, seront le fléau de l'humanité, se prêtant à l'accumulation personnelle et au commerce, vont organiser la formidable révolution qui dépossédera la femme de sa haute position sociale et poussera l'homme inconscient à dresser sur les ruines du communisme primitif et du collectivisme consanguin la néfaste propriété privée. » (Ch. II, § VIII.)

J'avoue que je ne vois pas bien comment la possession de meilleures armes que la trique des Weyddahs, la lance des Fuégiens, de vêtements plus chauds que les peaux mal ajustées des Fuégiens, de troupeaux plutôt que la recherche constante du poisson ou du gibier précaires, « est le fléau de l'humanité ». Je n'aperçois pas bien comment ces objets utiles ont « dépossédé » la femme primitive « de sa haute position sociale », à moins que M. Paul Lafargue ne considère que le suprême honneur pour la femme est de faire les travaux les plus pénibles quand l'homme se repose, de manger ses restes et d'être mangée par lui.

Du reste, immédiatement, avec sa logique habituelle, M. Paul Lafargue raconte qu'« appeler femme un guerrier des nations sauvages de la vallée mississipienne et un Grec des temps héroïques était une grave injure ».

Il s'indigne parce que l'esclave fait partie des biens mobiliers; mais tout d'abord on l'avait tué et mangé : était-ce plus humain ?

M. Paul Lafargue continue : « Le brigandage fait son apparition dès que les biens mobiliers se multiplient et s'accumulent. » (Ch. II, § VIII.) « Là où il n'y a pas de propriété, il ne saurait y avoir d'injustice. » (Ch. III, § IV.)

Je concède volontiers à M. Paul Lafargue que la propriété fait le voleur, et j'admets que dans les civilisations qui jouissent du communisme le plus parfait, si des individus se tuent et se mangent réciproquement, ils ne commettent pas des actes de brigandage : car ce sont les actes acceptés par tous et communs à tous. Chaque tribu veut détruire la tribu voisine. En Polynésie, les habitants de tous les villages priaient Cook, chacun à leur tour, de massacrer leurs voisins.

Nous avons déjà constaté que M. Lafargue est un nominaliste qui croit que les choses n'existent que lorsqu'elles ont des noms. Pour lui, tant qu'il n'y a pas de code pénal, il n'y a pas de crimes. Les nombreuses populations qui tuent si aisément leurs enfants, leurs femmes, leurs amis ou leurs ennemis, mèneraient la plus douce des existences et seraient les plus innocents des êtres, si des voyageurs imbus de préjugés des civilisés n'avaient point, en se plaçant au point de vue de nos mœurs et de nos lois, signalé, avec un étonnement indigné, des pratiques si naturelles. Cook raconte qu'un chef taïtien qui venait de tuer un de ses sujets entra dans une violente colère parce qu'on lui fit observer qu'en Angleterre, il aurait été pendu pour un acte de ce genre. Ce n'était pas un crime, puisque le code taïtien ne le défendait pas. M. Lafargue ne pardonne pas aux législateurs d'être venus troubler, avec leurs prescriptions, cette sérénité.

« L'inique et épouvantable justice et les abominables

codes sur les délits et les crimes ne font leur entrée
dans l'histoire qu'à la suite et comme conséquence nécessaire de la propriété privée. » (Ch. III, § IV.)

Auparavant on était dans l'Éden. L'humanité ne s'é-
tait pas encore aperçue du péché d'Adam. Le tigre
n'avait pas de griffes, la vipère n'avait pas de venin : et
la vertu est en raison inverse de la propriété privée.

M. Paul Lafargue cite Catlin, voyageur américain
qui, de 1832 à 1839, vécut au milieu des tribus les plus
sauvages de l'Amérique du Nord : « Je puis assurer
que le monde civilisé ne doit pas essayer de leur donner des leçons de vertu et de morale. »

Le monde civilisé peut leur apprendre à ne pas charger la femme de tous les fardeaux et de tous les travaux
pénibles. Le monde civilisé peut leur apprendre que le
but suprême de l'activité de l'homme n'est pas de scal-
per son ennemi et d'accrocher triomphalement sa chevelure à sa ceinture. Si certaines tribus peaux-rouges
plantent au milieu de leur village un poteau appelé
« arbre de la probité », auquel on suspend les objets
trouvés, — ce qui, entre parenthèses, prouve que cette
probité est une conséquence de la propriété, — toutes plantaient un poteau de torture.

M. Lafargue invoque, à l'appui de son apologie des
sauvages, Tacite, qui opposait les mœurs des Germains
à celles des Romains; Salvien, qui donnait comme mo-
dèles les barbares aux civilisés gallo-romains; M. Paul
Lafargue ignore que leur véracité est suspecte : car
ni l'un ni l'autre n'avaient pour objet la vérité désinté-
ressée.

V

M. Paul Lafargue ajoute que l'homme primitif est le plus apte à la civilisation : alors il ne vaut rien, d'après la propre thèse de M. Lafargue, puisqu'il est si bien préparé à entrer dans un état social qui contient tous les vices. Mais jusqu'à présent les peuples qui se rapprochent le plus du type primitif n'ont pas montré ces heureuses dispositions. Depuis plus de trois siècles, on connaît les Fuégiens, et des navigateurs de nos jours les retrouvent tels qu'ils étaient du temps de Magellan. Les Australiens et les Weyddahs disparaissent, plutôt que de s'adapter à une nouvelle civilisation.

M. Paul Lafargue dit triomphalement : « L'histoire des Égyptiens et des Grecs montre à quel merveilleux degré de développement matériel et intellectuel peut parvenir un peuple barbare. » (Ch. I, § II.)

La nôtre encore plus ; car, comme les Égyptiens, nous comptons des barbares parmi nos ancêtres. Avec la même logique, M. Paul Lafargue dit solennellement :

« De fait, c'est au sein du communisme que prend naissance la propriété personnelle, qui, loin de lui être contradictoire, comme l'exposent les économistes, est, au contraire, son complément indispensable. »

Puisque le communisme a été l'état primitif de l'humanité, où la propriété individuelle aurait-elle pu prendre naissance, si ce n'est « dans son sein » ? Elle ne pouvait tomber comme un aréolithe sur la tête de quelques sauvages. Elle devait être un produit de leur vie antérieure ; et nous avons vu que certains peuples

n'avaient pu encore arriver à une évolution suffisante
pour acquérir cette notion.

VI

M. Lafargue et moi nous sommes donc d'accord sur
le fait que *le communisme est d'autant plus complet que
la personnalité humaine est moins développée.*

Nous sommes en désaccord sur les conséquences. Tandis que M. Paul Lafargue considère que cet état social
est l'âge d'or vers lequel nous devons nous efforcer de
revenir, je crois que nous devons nous efforcer de nous
éloigner de plus en plus de l'état social où croupissent,
dans la misère, dans la saleté, secoués à peine par des
élans de férocité, les anthropophages fuégiens et australiens.

CHAPITRE III

La propriété et le progrès.

I

Ce Fuégien, cet Australien, que vous nous représentez
comme un communiste, est un propriétaire foncier. Il a
constamment une propriété parfaitement déterminée,
qu'il défendra si un intrus veut la lui prendre ; et si,
plus faible, il en est chassé, il la reconstituera immédiatement. Il lui est aussi impossible de s'en passer
qu'il est impossible à une pierre jetée par la fenêtre de
ne pas tomber à terre.

Cette propriété est constituée aussi par la loi de la
pesanteur, car il faut à tout être un support : ce support,
c'est le sol.

Ce sol qu'il couvre de ses deux pieds s'il est debout,
ou de la longueur de son corps, s'il est couché, il en a,

ce prétendu communiste, la propriété : car cet espace ne peut contenir à la fois plusieurs occupants amalgamés.

Il a une conscience si complète de cette propriété, que si l'un de ses compagnons essayait de la lui enlever, il le repousserait au nom du droit du premier occupant.

De ce fait nous pouvons conclure *que tout communiste anarchiste a un minimum de propriété foncière.*

Et alors je pose cette question aux communistes et socialistes :

—Le progrès a-t-il consisté à supprimer, réduire ce minimum de propriété, ou, au contraire, à le mettre à l'abri de toute entreprise violente, à le consolider et à l'agrandir ?

II

Nous avons constaté qu'il y avait encore une propriété plus intime : celle de l'aliment. Une fois absorbé, il ne fait plus qu'un avec son propriétaire. M. Lafargue et les communistes semblent avoir fait une découverte qui aurait échappé jusqu'ici aux observateurs, en constatant que la première propriété que l'homme ait comprise est celle d'objets mobiliers, depuis la trique du gorille jusqu'à la lance, la hache de pierre, l'ornement. Pourquoi ? Sur sa trique, le gorille, l'anthropoïde, l'homme primitif fait acte de premier occupant, ni plus ni moins que quand il plante ses pieds sur quelques centimètres de terrain.

Qu'il la prenne, qu'il la façonne, la perfectionne, il accomplit une suite d'actes personnels, que les économistes ont décrits depuis longtemps, puisqu'ils les connaissaient par les récits des voyageurs du XVIIIe siècle.

Quand M. Paul Lafargue conclut que la propriété vient du travail, il ignore qu'il ne fait que les répéter. Si on appelle travail l'acte de prise de possession d'un objet quelconque, cette affirmation est exacte. Nul ne devient premier occupant sans faire un effort, ne fût-il qu'un geste. C'est ce geste qui est la base du droit de propriété; et ce droit est un.

Une des profondes erreurs des légistes qu'adoptent les socialistes, comme pour prouver une fois de plus le caractère régressif de leurs doctrines et de leurs prétentions, c'est d'avoir voulu diviser ce droit par des distinctions subtiles.

La distinction entre la propriété immobilière et la propriété mobilière ne porte pas au fond sur le droit de propriété : elle ne porte que sur la forme.

La propriété est une : son objet seul varie. Toute la question se résume donc en ceci : au fur et à mesure que l'individu avance en évolution, le droit de propriété, quel qu'en soit l'objet, disparaît-il ou s'affirme-t-il et s'étend-il ?

Y a-t-il actuellement moins que dans le passé, d'objets auxquels s'applique ce droit de propriété, ou y en a-t-il davantage ? En même temps que la nature du problème, un seul exemple indiquera sa solution : la propriété intellectuelle et industrielle.

Je demande à M. Lafargue si, au fur et à mesure que l'individu avance en évolution, il renonce à son droit personnel à l'égard des objets sur lesquels il a jeté son dévolu.

— Prenez garde, Monsieur Lafargue : si vous me répondez : oui, je confisque votre manuscrit au lieu d'y répondre. Protesterez-vous ?

3.

Si, au contraire, l'homme, au fur et à mesure qu'il passe des sociétés du communisme primitif aux civilisations les plus développées, agrandit, consolide, fortifie, étend, en intensité et en étendue, ce droit en raison de la conscience plus nette de sa personnalité, c'est la preuve que le progrès, bien loin de tendre vers un retour au communisme primitif, s'affirme par le développement de la propriété.

CHAPITRE IV

Conditions de l'évolution de la propriété.

Maintenant qu'il est bien établi que M. Lafargue considère que nous devons avoir pour idéal le communisme des Fuégiens, toujours grelottant de faim et de froid, sous la crasse qui les recouvre, je vais laisser de côté sa compilation, dans laquelle il brouille et confond les choses et les hommes, dans le temps et dans l'espace, et je vais essayer d'exposer les conditions diverses de l'évolution de la propriété.

I

Tous les individus du genre *homo,* ayant des organes communs, ont des besoins communs : ils ont faim, soif, froid ; ils sont de sexes différents ; ils procréent des enfants ; ils doivent se protéger contre les phénomènes météorologiques, se défendre contre des végétaux, des animaux, et leurs congénères ; moins bien ils utilisent les choses, les êtres, les forces dont ils sont entourés, moins ils sont avancés en évolution ; mieux ils savent les adapter à leur usage, plus haut est le degré de civilisation auquel ils sont arrivés.

La manière dont se manifestent les besoins et dont les hommes essayent de les satisfaire dépend de deux facteurs : la race et le milieu.

Ce dernier terme comprend l'habitat, l'aliment, les conditions du travail.

Les conditions du travail déterminent le caractère de la propriété.

II

Sans considérer les races comme fixées d'une manière infaillible, nous constatons qu'il y a de profondes différences entre le nègre de Guinée à mâchoire prognathe, à la chevelure crépue, et le Mogol, au teint jaune, aux pommettes saillantes et aux cheveux droits. Du cap Horn au Saint-Laurent, on retrouve un type de

mongoloïde particulier avec sa peau rouge cuivre dans
l'Amérique du Nord, d'un brun olivâtre et jaune dans
l'Amérique du Sud, des cheveux droits et épais, l'absence de barbe, un nez fort, des pommettes saillantes,
des yeux enfoncés et longs, des lèvres épaisses ne s'ou-
vrant jamais pour le rire si facile chez le nègre, qui
lui est supérieur[1].

Partout il a le même défaut d'initiative et la même
répugnance pour le travail régulier.

En Algérie, un coup d'œil suffit pour distinguer les
Arabes des Berbères, si variés que soient les types de
ces derniers. Il est certain que l'homme blanc, dit du
type caucasique, dans les arts, les sciences, l'organisation de sa vie, atteint une puissance dont n'approche
aucune autre race.

Je n'examine pas les caractères anthropologiques ou
linguistiques qui peuvent distinguer les hommes entre
eux; je n'examine pas ici la question du polygénisme
ou du monogénisme : je me borne à reconnaître que,
quelles que soient les circonstances qui ont déterminé
l'évolution personnelle des individus de tel ou de tel
groupe ethnique, tous n'envisagent pas les faits et les
idées de la même manière; qu'il y en a qui sont frappés d'arrêt de développement. Ainsi le langage des
indigènes de l'Amérique du Nord prouve qu'ils sont
incapables d'abstraction; et Schoolcraft a constaté leur
impuissance à compter.

1. *America*, par Mac Claren, *Encycl. britann.*, p. 703.

III

Quelle que puisse être l'aptitude originelle des Esqui-
maux de l'Amérique du Nord, ils ont eu, dans leur lutte
pour la vie, des instruments trop limités et des satisfac-
tions trop restreintes, pour qu'ils pussent amener leur
civilisation au degré d'élégance des Athéniens. M. Paul
Lafargue peut les revendiquer comme des communistes
fonciers. Il ne leur est point venu à l'idée d'enclore des
champs de glace improductifs; et, pour mieux se préserver du froid, pour économiser l'huile de phoque dans
leur foyer, pour se défendre contre les agressions des
ours, ils s'entassent en commun dans des huttes creusées
dans la glace.

Le pasteur, à quelque race qu'il appartienne, obligé
de promener ses troupeaux alternativement sur de
grandes étendues de terre, n'a pas la même manière
de comprendre la propriété que le maraîcher des environs de Paris. Avant l'arrivée des Européens, il n'y
avait, en Amérique, ni bétail ni chevaux; les populations qui y vivaient devaient donc vivre de chasse ou
n'employer pour la culture que la force humaine.

En Afrique, sur un espace comprenant dans sa plus
grande largeur 30 degrés de latitude et en moyenne
20 degrés de longitude, on trouve la mouche tsétsé, qui
n'est pas beaucoup plus grosse que la mouche commune,
brune, à peu près de la nuance de l'abeille, portant sur
la région postérieure de l'abdomen trois ou quatre raies
jaunes transversales. La piqûre de cette mouche est
indifférente à l'homme et au gibier, elle est toujours

mortelle pour le cheval et le bétail[1]. Sur un espace de
dix millions de kilomètres carrés, supérieur à la surface
de l'Europe, cette mouche ne laisse à l'indigène que
l'alternative d'être chasseur ou cultivateur. Que l'Européen apporte des charrues au Congo, tant qu'il n'aura
pas trouvé le moyen de la détruire, elles lui seront inutiles, à moins qu'il n'emploie la vapeur comme force
motrice. Il n'aura point de bétail lui procurant de
l'engrais et du lait. Pour ses transports, il ne pourra utiliser que la force humaine, jusqu'à ce qu'il y ait substitué
des engins mécaniques. Que le nègre vivant sur cette
région soit nonchalant, imprévoyant, ait tous les défauts
ethniques que nous lui attribuons généreusement, ce
n'est pas d'eux que provient son impuissance pour l'é-
levage du bétail ou pour la culture intensive. Il ne peut
constituer la propriété dans ces régions, ni comme les
peuples pasteurs, ni comme les peuples agriculteurs,
qui ont à leur disposition des chevaux, des bœufs et
des vaches.

IV

Dans les climats compris entre les 25° isothermes, le
blanc européen ne s'acclimate pas et ne se reproduit
pas; il n'y demeure qu'à la condition de prendre les plus
grandes précautions hygiéniques et de travailler avec
une grande prudence[2]. Les indigènes sont-ils eux-mêmes éprouvés par le climat? Le fait certain est que toutes les grandes civilisations du globe se sont développées
au nord du 20° degré de latitude[3]. Thèbes (Égypte) est

---

1. LIVINGSTONE, p. 95. — DE PRÉVILLE, les Sociétés africaines, p. 173.
2. YVES GUYOT, Lettres sur la politique coloniale.
3. Annuaire du bureau des longitudes.

près du 25ᵉ degré; Memphis, du 30ᵉ; Bénarès, au 25ᵉ; Delhi, au 29ᵉ; Jérusalem, au 32ᵉ; Babylone, près du 33ᵉ; Athènes, au 38ᵉ; Pékin, au 40ᵉ; Rome, au 41ᵉ; Paris, au 49ᵉ; Londres, au 51ᵉ et demi; Berlin, au 52ᵉ et demi; Moscou, au 56ᵉ.

Les civilisations s'élèvent en latitude de Thèbes et de Bénarès à Babylone, à Athènes, à Rome, à Paris, à Londres; le progrès monte du 25ᵉ degré vers le 60ᵉ; mais il atteint une limite septentrionale qu'il ne peut dépasser. Supposez que des fées aient miraculeusement doté chaque Esquimau de l'intelligence de Newton et de l'esprit de Voltaire, qu'en feraient-ils? Le milieu domine l'homme.

V

Mais, si prépondérantes que soient ces influences, il faut prendre garde de se résigner à un système fataliste d'après lequel l'homme, ne pouvant modifier ni son milieu, ni son hérédité, ni son éducation, devrait se laisser aller tranquillement au courant et aux remous de sa destinée. Certains philosophes aboutissent à la même morale négative que l'Ecclésiaste. *Vanitas vanitatum*: et ils s'endorment en attendant le nirvânâ.

Fénelon a dit : « L'homme s'agite, Dieu le mène. » Le milieu aussi; et des coefficients à racines plus ou moins éloignées, compliquées et profondes, produisent sur lui de multiples effets d'action et de réaction; mais il n'est pas simplement passif : il peut modifier son milieu. Les Hollandais ont conquis leur domaine sur la mer; les Anglais ont établi sur les boues de la Tamise la ville la plus opulente du monde; Pierre le

Grand a transformé les marais de la Néva en une ville élégante, au 60ᵉ degré de latitude. Sur les 7,838,000 kilomètres des États-Unis, du Pacifique à l'Atlantique, représentant les quatre cinquièmes de la superficie de l'Europe, erraient au xviiiᵉ siècle de cinq à six cent mille Indiens[1], pêchant le saumon en Californie, chassant des chèvres dans les montagnes Rocheuses, des bisons dans la Prairie, cultivant un peu de maïs et de melons d'eau sur les bords du Mississipi, n'ayant ni porcs, ni vaches, ni bœufs, ni chevaux ; et maintenant se développe sur cet espace une population de 62,000,000 d'habitants, mélange d'Anglais, de Français, d'Irlandais, d'Allemands, d'Espagnols, récoltant neuf millions de balles de coton, offrant toujours plus de blé, de bétail, de porcs à l'ancien monde. Ce continent, au sud comme au nord, est une réserve immense d'alimentation animale et végétale. Non seulement l'introduction des espèces domestiques européennes a apporté des modifications profondes dans les conditions de l'Amérique, mais il a fallu d'autres peuples que ceux qui y erraient pour en utiliser les immenses surfaces.

L'indigène n'a pas même su profiter des nouveaux animaux qu'ils y importaient : il n'a su utiliser que le cheval, comme animal de chasse et de guerre ; il est resté chasseur de bisons, et n'a même pas su élever des porcs, des bœufs, si faciles cependant à conserver à l'état presque sauvage. Ils étaient à sa disposition. Si le colon s'est souvent comporté envers les Peaux-Rouges d'une manière atroce, ce n'est point le sol qui

1. BANCROFT et GERLAND.

leur a manqué, ni même le capital qui aurait pu leur
procurer des outils et des animaux. Les États-Unis ont
payé aux Choctaws 150 millions de francs pour 8 millions d'hectares; de 1789 à 1880, ils ont versé aux
Indiens 440 millions de francs : qu'en ont-ils fait ? Les
agences fédérales leur donnent des vivres, des animaux,
des vêtements, des couvertures : qu'en font-ils ?

Tel Irlandais, ivrogne comme eux, débarqué sans le
sou aux États-Unis, est devenu millionnaire. Le Sioux
dompté fait parade de sa défaite dans le cirque de
Buffalo Bill. Il n'a pas su s'adapter au milieu nouveau
constitué par les Européens : pourquoi, sinon parce
que l'atavisme, la race, — qu'on appelle ce phénomène
comme on voudra, peu importe, — l'a dominé ?

VI

L'alimentation influe aussi sur le caractère de
l'homme : l'ichtyophage a d'autres nerfs que le pasteur nourri du lait de ses brebis. Quand Homère nous
montre Ajax mangeant le dos entier d'un taureau et
Euménée apprêter pour le souper d'Ulysse deux jeunes
cochons, nous en concluons que les Grecs qui assié-
geaient Troyes avaient une autre conception de la vie
que les Égyptiens qui adoraient le bœuf Apis en mangeant leurs oignons. L'Anglais, se nourrissant largement de roastbeef, l'arrosant de stout et de brandy, est
un autre homme que l'Arabe, buveur d'eau et de café,
dont nous admirons la sobriété et dont le Touareg flé-
trit la gourmandise, parce que tout est relatif.

J'en suis fâché pour les sociétés de tempérance, mais
le monde n'appartient pas aux peuples sobres. Le Na-

politain qui se contente d'un peu de macaroni, d'une tranche de melon et d'un verre de limonade, se repose ensuite au soleil, tandis que l'Anglo-Saxon, chauffé à toute vapeur, répand de gré ou de force sa civilisation sur le monde entier.

Le Play et ses disciples ont qualifié les populations par leur nourriture : il y a les hommes du manioc, du sorgho, de l'éleusine, de la gomme, tandis que le Boer est l'homme de la viande[1].

Le pêcheur ne conçoit pas la vie comme le pasteur ; le Mogol des plateaux de l'Asie ne comprendrait rien aux mœurs et aux coutumes des pêcheurs ; il n'a pas la même notion de l'agriculture que le vigneron, et celui-ci que le cultivateur de céréales. Quiconque a pu observer des départements dans lesquels, comme dans Saône-et-Loire, une partie de la population est employée à la culture de la vigne et à la récolte du vin, et d'autres à la culture des céréales, à l'élevage du bétail ou à des occupations industrielles, vous dira la différence profonde qui existe entre elles.

VII

Les hommes, différant par la race, le milieu, l'alimentation, ne peuvent pas poursuivre le même idéal ; ils n'essayent pas de modeler leur existence sur un type uniforme ; de là des modes divers dans leur évolution. La propriété ne passe pas chez tous par les mêmes phases ; son évolution subit des arrêts de développement, et en est restée au communisme chez les Weid-

---

1. DE PRÉVILLE, *les Sociétés africaines.*

dahs, les Fuégiens, les Australiens. Chez les peuples les plus avancés en évolution, quelles formes reçoit-elle? quels sont les caractères essentiels qui ont contribué au progrès économique de ces peuples? quelles sont les institutions conformes à ce progrès? quelles sont les institutions contraires?

Telles sont les questions que je vais examiner.

CHAPITRE V

Les terrains de chasse.

Premières usurpations sur le domaine commun. — Appropriation par tribus chez les peuples. — Commencements de culture. — L'indivision des terrains de chasse : la division des
terres cultivées.

« La forêt fait le chasseur, » dit M. de Préville[1] ; la
prairie encore plus. La chasse au bison était l'occupation des petites peuplades indiennes qui erraient au
milieu des plaines de l'Amérique du Nord.

En Afrique, sur les dix millions de kilomètres carrés
que la mouche tsétsé défend contre le bétail, les nègres
chasseurs ont deux gibiers : le buffle et l'éléphant. Pour
attaquer ce dernier animal, ils doivent se réunir en
bandes à l'appel du tambour des chefs.

Les territoires de chasse sont forcément étendus :
leurs limites sont plus ou moins vagues ; il y a cependant des essais « d'usurpation sur le domaine commun », dirait M. Lafargue. Chaque groupe n'entend
pas que le voisin vienne chasser sur ses terres. Les
défendre ou les étendre sont des causes continuelles
de guerres, même entre tribus qui ont devant elles des

1. *Les Sociétés africaines.*

espaces immenses ; les Iroquois, les Cherokees, les Creeks, les Choctaws, les Odjibaws, les Apaches, se trouvaient trop à l'étroit sur les territoires de l'Amérique du Nord.

Les parcours de chasse sont forcément indivis entre les membres de la même peuplade. On ne peut pas faire le bornage de la forêt ou de la prairie pour cantonner l'éléphant ou le bison de tel ou tel ; ce n'est que dans une civilisation beaucoup plus avancée que commence la culture. Cette besogne silencieuse et patiente qui exige un double effort, l'épargne de la semence et l'attente de la récolte, est antipathique à la plupart des peuplades, quoique Livingstone affirme les bonnes dispositions du nègre pour elle ; mais en si grand mépris que les chasseurs tiennent la culture, ils éprouvent cependant le besoin, dès qu'ils sont arrivés à la phase de prévoyance, de varier leur ordinaire et de s'assurer contre la disette, en faisant cultiver par les femmes quelques plantes : du manioc, du sorgho, de la banane, du maïs.

Le peuple chasseur, resté dans l'indivision pour la chasse, établit la propriété individuelle pour les terrains qu'il fait cultiver par la femme.

Au fur et à mesure que la civilisation se développe, la propriété du champ tend, même chez les Peaux Rouges, à devenir de plus en plus individuelle. M. Letourneau le constate à regret[1], et M. Lafargue ne le contredit pas, en dépit de la première phrase de son premier chapitre.

Cette culture implique une appropriation d'autant plus

1. *L'Évolution de la propriété*, p. 64.

personnelle qu'elle est moins extensive et plus intensive.

*Tout l'effort du cultivateur tend à s'émanciper de la
propriété collective et à consolider la propriété individuelle.*

CHAPITRE VI

La propriété pastorale.

Nouvelle usurpation du sol. — La légende pastorale. — Les patriarches de la Bible et les Bédouins. — Tous les peuples ne sont pas passés par la phase pastorale. — Conditions de la propriété commune à tous les pasteurs. — Le douar bédouin. — Le kraal hottentot. — Le Cafre. — La femme et « la perle à poil ». — Besoin de fixité. — Tendance à la culture. — Interdiction chez les Nabatéens. — Exploitation des khammès par les Arabes. — Le Boer. — Arrêt de développement. — Larges terrains de parcours nécessaires à la vie pastorale. — La culture est un progrès.

A un degré de civilisation plus avancé, nous trouvons une seconde catégorie d'usurpateurs du sol, les pasteurs.

Il a été de mode de nous les faire admirer. On nous a montré des patriarches que leur longue barbe rendait vénérables. En dépit des disputes d'Ésaü et de Jacob, de la légende de Joseph vendu par ses frères, on nous représentait la vie pastorale douce comme le lait et le caractère des brebis[1]. En même temps, on nous représentait les Bédouins avec « la bride et la selle, et la vie sur l'islam », toujours à cheval, le fusil

---

1. RENAN, *Histoire du peuple d'Israël*, t. Ier. Il en montre les qualités et les défauts.

en joue, en aventures perpétuelles de guerres et de razzias, se pillant réciproquement ; les Turkmènes disent : « Ton âme est dans ton épée ; » et ceux qui célébraient à la fois les douceurs de la vie pastorale et les aventures héroïques des Arabes du désert, ne s'apercevaient pas de la contradiction qu'ils commettaient.

Des écoles sociologiques édulcorantes, douceâtres, cherchant leur idéal dans le passé, sont venues aussi nous vanter les vertus de famille des peuples pasteurs ; et comme la Bible est un livre que tous les Européens connaissent, dans lequel les protestants ont l'habitude d'aller chercher leurs inspirations, il en est résulté que ceux-là qui, pratiquement, en étaient les plus éloignés, nous ont proposé, comme idéal, le retour à l'état patriarcal[1].

On nous a même dit que c'était l'état naturel de l'homme ; les monogénistes nous ont affirmé que toute l'humanité avait forcément passé par cette phase.

Cependant ni les Fuégiens, ni les Weiddahs, ni les Australiens, ne paraissent s'y préparer, les Javanais non plus. Les Taïtiens et autres habitants des petites îles de la Polynésie n'ont jamais élevé que des porcs sédentaires. Les Peaux-Rouges de l'Amérique du Nord n'ont point domestiqué les bisons. Si les Péruviens avaient des troupeaux de lamas, l'organisation de l'empire des Incas n'avait rien de pastoral.

Quant aux nègres du centre de l'Afrique, la mouche tsétsé leur interdit les troupeaux. Ce sont les Euro-

1. LE PLAY, *Œuvres complètes*, 6 vol., et spécialement le t. II : *les Ouvriers de l'Orient. — Le Décalogue éternel, la Famille patriarcale et les productions spontanées du sol.*

péens qui ont importé le bétail en Amérique; les *cow-boys* sont des blancs ; au Mexique et dans l'Amérique du Sud, les vaqueros sont des métis ; et ils n'ont que des rapports lointains avec les patriarches de la Bible.

Chez tous les pasteurs, mêmes conditions obligatoires : pour les troupeaux, il faut des pâturages et des abreuvoirs situés à des distances plus ou moins éloignées. Les uns et les autres s'épuisent vite. De là les déplacements : donc pas de demeures fixes, des installations provisoires, des campements où l'on se groupe. On ne partage pas les têtes de bétail pas plus qu'on ne peut diviser les pâturages. La propriété est donc commune. Les déplacements se font sous l'autorité du chef de la famille et exigent la discipline la plus stricte. De plus, les pâturages sont limités : ils peuvent provoquer des convoitises de familles rivales, d'étrangers : nécessité de la cohésion pour la lutte. Entre les pâturages, il y a des terrains plus ou moins arides et déserts. Quiconque s'isole du groupe est perdu. *Væ soli !* malheur à celui qui va seul, dit la Bible. Quand plusieurs familles sont réunies, les chefs de chacune peuvent former un conseil autour de celui qu'ils acceptent comme le plus puissant ou le plus capable.

Telle est l'organisation des Bédouins, comme des Hottentots, tous, à la fois, pasteurs, chasseurs et guerriers.

Le Cafre achète des femmes avec la vache qu'il appelle « la perle à poil », et les enfants élevés en commun sont destinés à la guerre.

Les pasteurs vachers du Sahara formaient les bandes du Madhi et sont les principaux traitants d'esclaves de l'Afrique.

Cependant le besoin de fixité est tel chez l'homme que toutes ces peuplades pastorales ont toutes une tendance à la culture.

D'après Diodore, chez les Nabatiens il était défendu, sous peine de mort, de semer du blé, de planter des arbres à fruit et de construire des maisons. Si cette mesure a réellement été prise, on ne peut l'expliquer que par la volonté de conserver libres tous les territoires, au besoin de défendre la tribu contre l'usurpateur qui aurait voulu soustraire un coin de terre au parcours du bétail; mais pour que cette pénalité fût édictée, elle était donc nécessaire. Il y avait des pasteurs qui voulaient se fixer et compléter les ressources que leur donnaient leurs troupeaux par les ressources que pouvait leur donner la culture.

Presque tous les pasteurs nomades ont un point d'attache.

Les rois cafres allotissent chaque année certains territoires que cultivent les femmes.

Les Arabes nomades cavaliers ont des cantonnements à peu près fixes; ils exploitent les khammès cultivateurs qu'ils protègent, à la condition de prélever une part de la récolte; et peu à peu l'homme de la tente disparaît pour « faire place au vil peuple de l'argile ».

Les Juifs, après avoir erré, se sont fixés dans la terre de Chanaan, et de bergers sont devenus agriculteurs.

Le Boer s'établit sur les terrains où erraient les Hottentots. Il aménage l'abreuvoir; il fait une digue de manière à emmagasiner les eaux que déversent de rares et violentes pluies; ces étangs artificiels sont un centre de culture, le lien d'attache de la famille; on y ramène, tous les deux ou trois jours, le bétail s'y abreuver.

La propriété reste indivise entre les membres de la famille. Quand elle devient trop nombreuse, elle essaime, et une nouvelle famille se constitue dans les mêmes conditions.

Les Boers, les plus carnivores des hommes d'après Levaillant, sont vigoureux, braves, ont des vertus de courage et des qualités de force de premier ordre. Ils sont patients : chaque famille se suffit à elle-même; ils ne forment pas d'agglomération; ils n'ont pas de commerce et restent confits dans leurs traditions. Il dépossèdent les pasteurs nomades hottentots et cafres; mais à leur tour, ils reculent devant les individualistes anglais, qui les effrayent, les envahissent et viennent exploiter des mines d'or et de diamant, là où ils faisaient paître leurs bœufs[1].

L'exploitation pastorale appartient, dans les pays où on n'engraisse pas le bétail par la stabulation, à la culture extensive. Il lui faut de larges terrains de parcours.

Le bétail parcourt les llanos du Vénézuela, allant des parties hautes de la plaine dans les esteros, lacs desséchés qui forment d'admirables prairies; mais cependant la culture commence près des villes; et on considère que c'est là un progrès. Il en est partout ainsi : et qu'est-ce, sinon une nouvelle étape vers la propriété individuelle?

1. V. DE PRÉVILLE, *les Sociétés africaines.*

CHAPITRE VII

La propriété de l'eau.

Le puits de Zamzam. — Le père de Mahomet. — La valeur est en raison de l'utilité et de la rareté. — « Abady. » — L'eau dans la culture tropicale. — Les communautés de villages indiens. — La djessa javanaise. — Les puits du Sahara. — « Le pied dans l'eau, la tête dans le feu. » — Capter l'eau est une forme effective de l'appropriation.

M. Lafargue s'imagine qu'il n'y a que deux sortes de propriétés, la propriété foncière et la propriété des objets mobiliers : et un homme qui reproche aux économistes de n'avoir pas étudié l'évolution de la propriété, croit que la propriété se compose toujours d'un lopin de terre qui ne diffère que par son étendue.

Tous les faits démentent cette conception simpliste et ignorante.

Voici un récit, histoire ou légende, qui montre qu'il peut y avoir une propriété plus précieuse que celle de la terre.

Au v° siècle de notre ère, la Mecque était le rendez-vous général de toutes les tribus arabes, leur entrepôt et leur temple. Elles y venaient, à certaines époques, chacune pour prier ses dieux préférés, et toutes pour se voir, s'entendre, s'occuper de leurs affaires communes. Elle était capitale religieuse et commerciale : quel-

que chose comme Rome par rapport aux catholiques,
et Liverpool par rapport aux commerçants du monde
entier.

Il y avait à la Mecque le célèbre puits de Zamzam, le
puits d'Ismaël. La plus haute fonction qu'il pût y avoir
à la Mecque était d'en distribuer l'eau aux Mecquois et
aux pèlerins.

La légende qui en raconte la prise de possession, en
montre toute l'importance.

Abdelmottalib, averti en songe de creuser la terre
entre Içâf et Nâïla, près d'une fourmilière, à l'endroit
où il verrait un corbeau fouiller la terre avec son bec,
s'y rendit avec son fils Hâreth. Ils se mirent à creuser
et trouvèrent deux gazelles d'or, des cuirasses et des
sabres enfouis par Modhâdh le Djorhomite, et enfin
l'eau de Zamzam, la source d'Ismaël.

Aussitôt les Coréischites accourent et disent à Abdelmottalib : « Ce terrain nous appartient à nous. Cette
source est celle de notre père Ismaël. Nous devons
entrer en partage avec toi de ces objets précieux et du
droit de disposer de cette eau. »

Comment trancher la question? On résolut de consulter une sibylle, la Câhina, qui demeurait dans une
bourgade de Syrie.

Dans le voyage à travers le désert, un jour, tous les
voyageurs tombèrent épuisés de soif. A ce moment,
sous un des pieds de la chamelle d'Adelmottalib, un
filet d'eau jaillit. Il se jette à terre et boit avidement;
puis il appelle ses compagnons. Tous se désaltèrent et
disent à Abdelmottalib : « Dieu lui-même a décidé notre contestation. La faveur qu'il t'a accordée en te
montrant une source au milieu de ce désert montre

assez que c'est à toi qu'il a donné l'eau de Zamzam. Nous reconnaissons tes droits. »

Désormais Abdelmottalib distribua l'eau de Zamzam tant aux pèlerins qu'aux Mecquois et fut ainsi investi de la principale autorité de la Mecque : et ce fut son fils Abdallah qui fut le père de Mahomet.

Dans toutes les légendes arabes, dans les souvenirs des vieilles inimitiés de tribu à tribu, on voit apparaître cette question capitale : la question de l'eau, de la possession des puits.

Ces souvenirs justifient cette loi économique que la valeur est en raison de l'utilité et de la rareté.

Dans la langue persane, *abady* signifie à la fois culture, civilisation, et la racine *ab* veut dire eau[1].

Les routes des caravanes sont jalonnées par les puits. Qui les a est le maître.

Dans le Sahara, le Touareg en garantit ou en empêche l'usage.

Le premier occupant n'a même pas besoin d'employer la force ; il lui suffit de laisser ses chameaux se rassasier. Ils ont conquis une réputation usurpée de sobriété ; si, comme tous les ivrognes, ils jeûnent quand ils ne peuvent pas boire, ils se rattrapent dès qu'ils en trouvent l'occasion.

Nous avons transformé certaines parties du Sahara en amenant à la surface du sol, au moyen de puits artésiens, la couche d'eau souterraine.

A Biskra, vous voyez des groupes d'indigènes accroupis autour de petits barrages qui laissent écouler un petit filet d'eau. Ils paraissent jouir des douceurs de l'oisi-

1. G. BONVALOT, *Du Kohestan à la Caspienne*, p. 244.

veté; en réalité, ils se livrent à la besogne qui leur importe
le plus : chacun d'eux surveille son eau, il en prend la
quantité à laquelle il a droit et empêche ses voisins de
la dérober à leur profit, car le palmier pousse « le pied
dans l'eau, la tête dans le feu ». Si vous interrogez
l'un d'eux sur les conditions de la propriété, il vous répondra : « Ce n'est pas le sol qu'on achète, c'est l'eau. »

Par sa nature, l'eau paraît échapper à la propriété
individuelle, et cependant capter l'eau est une des formes d'appropriation les plus effectives.

L'irrigation, nécessaire aux rizières, fait la djessa
javanaise : mais, à côté de la propriété commune, chaque famille s'efforce d'avoir une propriété individuelle.

M. Lafargue parle des communautés de village de
l'Inde ; mais il oublie que Sumner Maine a bien soin de
constater que la culture de l'Europe centrale et septentrionale n'a aucun rapport avec la culture de l'Inde,
parce que « le grand agent de production dans les
contrées tropicales est l'eau[1] ». On n'aménage d'irriga-
tions que par un travail collectif. Puis la distribution
se fait entre les habitants du village. Il déclare que les
règles qui y président n'émanent point d'une décision
personnelle ; qu'elles ne sont point dictées par l'équité ;
qu'elles reposent toujours sur une sorte de fiction qui
suppose qu'elles ont ainsi existé de toute antiquité.

Dans ce système, nous trouvons une propriété commune ; mais elle est répartie entre des propriétés particulières. Sumner Maine croit que, parmi les Aryas, il
n'y a pas d'allotements périodiques : la propriété reste
toujours à la même famille. Il ajoute qu'au fur et à

---

1. *Village communities*, p. 108.

mesure que « le sentiment du droit personnel grandit »,
la règle intérieure de la communauté disparaît. Les
frères d'une famille réclament toujours plus ardem-
ment la division. Enfin, dans sa maison, chaque Hindou s'isole et vit dans le mystère.

Les pharaons ont fait de grands travaux d'aména-
gement du Nil ; l'empereur de la Chine a aménagé des
canaux d'irrigation : nous verrons que ni en Égypte
ni en Chine, on n'a essayé d'imposer l'exploitation
commune de cet outil commun : l'administration a remis à des individus le soin d'en tirer le meilleur parti
possible.

CHAPITRE VIII

Les cultures extensives.

Facilité de culture sous les tropiques. — Le produit du bananier. — Le manioc. — Rotation des cultures. — Les jachères. — La propriété se déplace avec les cultures. — La jachère est un abandon. — *Les cultivateurs primitifs ne laissent en commun que ce qui n'a pas de valeur.*

Sous les tropiques, l'homme doit se défendre contre la puissance de la végétation. Il n'a pas besoin d'engrais. L'humus accumulé lui en fournit. Il lui suffit de l'égratigner pour obtenir sa récolte. Nettoyer un endroit où ensemencer, voilà toute la culture[1].

Les Lacandos du Guatemala cultivent le maïs, mais, après chaque récolte, se déplacent pour aller cultiver un autre coin de la forêt[2].

Les Tapuyos des bords de l'Amazone ont à leur disposition le palmier, avec sa noix et sa tige comme aliments, sa liqueur comme excitant ; le cacaoyer, le manioc, du gibier, du poisson, des œufs de tortues.

Ils peuvent vivre sans effort. Pourquoi auraient-ils une notion précise de la propriété ?

D'après Muller, un espace de quinze mètres cultivé en bananiers est suffisant pour la nourriture d'un in-

1. De Préville, *les Sociétés africaines*, p. 236.
2. É. Reclus, t. XVII, p. 365.

digène mexicain, tandis que, pour avoir l'équivalent en froment, il lui faudrait un espace de 120 mètres carrés. Le mangeur de bananes n'a pas besoin de garder parcimonieusement un terrain si restreint au milieu de territoires illimités.

Le manioc pousse admirablement dans des clairières ombragées. Cette euphorbiacée, haute de deux à trois mètres, ayant une racine de la grosseur et de la longueur du bras d'un homme, épuise vite le sol. Sa récolte demande de dix à dix-huit mois. Au bout de ce temps, il faut faire des plantations par bouture sur un autre terrain. Cette culture intermittente exige peu de travail et, par conséquent, n'attache pas par un lien étroit le cultivateur au sol; car le sentiment de la propriété est en raison de l'effort qu'exige la culture.

Les Dayaks de Bornéo sont arrivés à la conception de la rotation des cultures, interrompues par huit ou dix ans de jachère pendant laquelle le sol se recouvre de bambous.

Dans le Bengale, les Lepchas vivent de fruits et de racines, font des patates, et tous les trois ans sont obligés de changer leurs terrains de culture [1].

En Nouvelle-Calédonie, chacun doit son concours pour la culture du chef; mais il y a autant de lots de terre qu'il y a d'habitants mâles dans chaque tribu; la portion non cultivée est commune.

Il en était de même chez les indigènes de la Nouvelle-Zélande [2].

---

1. Letourneau, *Évolution de la propriété*, p. 133.
2. Id., *ibid.*, p. 78 et 85.

La propriété se déplace avec la rotation de culture. La jachère est un abandon.

Comme les cultivateurs civilisés, les *cultivateurs primitifs ne laissent en commun que ce qui ne vaut rien.*

CHAPITRE IX

Expériences communistes.

I

Nous avons signalé certaines coutumes établies dans les tribus anarchiques. Sans elles, elles n'auraient pas survécu. Hommes, femmes, enfants, se seraient détruits complètement. Une décision personnelle coûte beaucoup à l'intelligence de ces gens. De là, la puissance de l'habitude que nous constatons chez eux comme chez les animaux. Du moment qu'ils ont fait une chose, ils con-

5

tinuent à la faire, à moins que des mobiles plus puissants n'interviennent.

Même chez les Autsraliens, on a retrouvé des tentatives pour consolider et fixer la coutume. Alors celui ou ceux qui sont plus ou moins chargés de cette tâche s'arrogent des pouvoirs qui n'ont d'autre limite que la force de résistance de leurs compagnons assujettis; mais cette force s'amoindrit d'autant plus que la coutume se fortifie. La propriété commune de la horde ne se partage pas, surtout si la chasse et la pêche constituent ses principales ressources et si l'agriculture est rudimentaire; elle s'incarne dans le chef.

Le chef a pour rôle de faire l'effort de décider et de vouloir pour les autres. Dans nos civilisations les plus avancées, nous savons combien peu d'hommes sont aptes à ce rôle. Ceux qui l'atteignent s'appellent Louis XI, Richelieu, Frédéric le Grand, Napoléon, pour n'en citer que quelques-uns : ce ne sont pas, en général, les meilleurs; ce ne sont pas toujours les plus dignes; souvent ce ne sont pas même les plus intelligents;- mais ils savent vouloir et agir, là où les autres hésitent. Transportons-nous dans une société rudimentaire. Voici un individu doué d'un peu plus de biceps et d'une plus grande force de résistance que les autres; il est avide, passionné, entêté, et, s'il a peur, n'a peur que le second. Il assujettit à sa tyrannie tous ceux qui ont eu peur avant lui. Il devient tout-puissant; et quand nous voyons des civilisés abuser si facilement de leur puissance, comment serions-nous surpris s'il abuse de la sienne?

Ce chef devient le seul propriétaire, non seulement des biens, mais des vies de ses sujets. Tel était le pouvoir du grand chef des Natchez, frère du Soleil; les Indiens des Florides avaient un respect servile pour leurs caciques héréditaires : à Bogota, quand le maître sortait, on jonchait de fleurs la route qu'il devait parcourir.

En Afrique, dans le Foulah Djallon, le roi est le grand héritier. Le roi kamrasi déclare, à Baker, qu'il est le maître absolu de toutes choses. A Vouakilima, dans la région des grands lacs, le roi trafique de ses sujets.

Souvent ce chef est étranger, d'autant plus puissant, car il appartient à une race ayant des qualités que n'a pas la peuplade qui lui obéit. Tels sont, en Afrique, les chefs sandeh, provenant probablement des nègres pasteurs du Nil Bleu, qui accumulent l'ivoire entre leurs mains, contraignent leurs sujets à la culture de l'éleusine, les marient comme ils l'entendent, les frappent selon leurs caprices, de temps en temps jettent le lasso à l'un d'eux et lui abattent la tête, pour ne pas laisser prescrire leur droit de vie et de mort[1].

Voilà la seconde forme du communisme primitif. Il est encore presque complet. Cependant le roi, qui se reconnaît un droit si absolu sur les personnes et les choses de ses sujets, ne les conduit pas au travail comme un troupeau : il leur laisse une initiative; chacun a des apparences de propriété : une cabane, une vache, une arme, un outil et même une pièce de terre, et garde quelque chose de son produit.

1. DE PRÉVILLE, *les Sociétés africaines*, d'après Schweinfurth et Potagos, 240.

II

L'Égypte, qui, vingt ou trente siècles avant le commencement de l'histoire de tout autre peuple, avait vu éclore une civilisation qui nous a laissé de si imposants vestiges de sa grandeur, est une étroite vallée dont la largeur moyenne de 700 à 1,800 mètres ne dépasse jamais cinq à six lieues; c'est le Nil qui lui a permis de nourrir une population d'une densité toujours stupéfiante, puisqu'elle est encore aujourd'hui de 246 personnes par kilomètre carré, tandis que la Belgique n'en a que 210, et la France 71.

Il faut des travaux d'ensemble pour utiliser le limon fertilisant qu'apporte au mois de juin la crue du fleuve. Il s'élève jusqu'à sept ou huit mètres, parfois jusqu'à dix mètres au-dessus de ses plus basses eaux.

Des efforts isolés seraient incapables d'aménager un instrument agricole si redoutable. Avant les travaux qui ont régularisé son cours, le fleuve, changeant perpétuellement de lit, transformait en marécages certaines parties de la vallée, n'en atteignait jamais d'autres. Le grand intérêt public fut de transformer en puissance bienfaisante cette puissance malfaisante.

La digue de Ménès, appelée aujourd'hui Koscheich, existe toujours et sert de clef aux réservoirs d'inondation de la Haute-Égypte. Amenemhat III formait le lac Mœris, de trente milles de tour, destiné à arrêter les inondations trop fortes et à compléter les inondations trop faibles.

Le sol de l'Égypte était donc une création du gouvernement : ceux qui n'admettent la propriété comme légitime que si elle vient du travail, ne pourraient contester sa légitimité. Il aurait donc pu exploiter en commun toute cette propriété. Il n'en fut rien : il y avait de petites tribus ; ces petites tribus devinrent des provinces ou des divisions administratives que les Grecs appelaient *nomes*.

Elles étaient administrées par de grandes familles, qui pouvaient se les transmettre par mariage ou héritage, sauf approbation du souverain. Les titulaires devaient l'impôt et le service militaire au pharaon, la justice et une bonne administration à leurs administrés. D'après les inscriptions funéraires, ils se préoccupaient de leur alimentation : « Jamais disette ne fut de mon temps, jamais affamé sous mon gouvernement. J'ai labouré tous les terrains du nome de Meh, je fis vivre ses habitants en leur répartissant ses constructions. » Dans chacun de ces nomes on trouve trois sortes de propriétés : celle du sacerdoce, celle du pharaon, propriétés collectives, mais cultivées et exploitées par des fermiers.

D'après Hérodote, chaque soldat égyptien possédait douze arpents de bonne terre, soit environ douze carrés de 25 mètres de côté chacun.

III

Dès qu'une civilisation se complique un peu, le chef ne peut pas tout faire, tout surveiller par lui-même ; il ne peut ni cultiver ni récolter en personne. Il remet une partie de sa propriété à des feudataires qui, en échange, lui devront certaines redevances en nature et des redevances personnelles, comme le service militaire.

Nous trouvons ce système au Mexique.

Là les terres, dit-on, étaient divisées en trois catégories : le domaine de la couronne, le domaine de la noblesse ; les Aztèques, cultivateurs sans charrue, sans animaux, avaient des champs délimités et défendus par des haies d'aloès et des murs en pierres sèches. Leur culture était déjà avancée, car ils la soumettaient à une rotation entre le manioc, le maïs et quelques autres produits, et ils amendaient leur sol avec des cendres.

M. Letourneau admire beaucoup le système des *calpulli* mexicains, terres plébéiennes dont le fonds était inaliénable et qui n'étaient livrées qu'en usufruit à des individus, « selon leur importance personnelle ». Comment était déterminée cette importance personnelle ? Nous ne savons. Le titulaire ne pouvait vendre un fonds qui ne lui appartenait pas, mais il pouvait le louer pendant quelques années. S'il négligeait sa culture pendant deux ans, il subissait un avertissement : d'un autre côté, s'il avait à se plaindre de son lot, il pouvait réclamer : on peut induire que les contestations devaient être fréquentes. Si le tenancier mourait sans postérité, sa part était déclarée vacante et attribuée à un autre membre de la communauté ; mais s'il avait une nombreuse postérité, que devenait-elle ? était-elle partagée ? envoyait-on les enfants défricher une nouvelle terre plus ou moins inculte et restée dans le domaine commun ?

« La communauté, dit M. Letourneau, se prévalait sans conteste de ses droits supérieurs et n'avait nullement désarmé devant la propriété privée. » Il nous semble que l'état de choses décrit ci-dessus prouve le contraire : la communauté, au lieu d'essayer d'exploiter en commun et de répartir ensuite les produits entre ses membres, s'était jugée incompétente, leur avait remis des tenures perpétuelles, en se conservant un droit de contrôle plus ou moins tracassier. Cette répartition du sol entre les plébéiens prouve que l'administration sentait qu'elle ne pouvait pas tout faire par elle-même, comme la remise du sol à des feudataires est l'aveu d'impuissance de l'empereur de pouvoir gérer lui-même son domaine.

IV

Il n'y a eu dans l'histoire de l'humanité que deux expériences communistes faites sur une grande échelle : c'est celles du Pérou et du Paraguay.

Au Pérou, l'inca, fils du Soleil, traitait paternellement ses sujets. Ils le considéraient comme leur père, et il veillait sur eux pour les obliger à travailler, à observer la vertu et à se préserver du vice. Des membres de sa famille, les curacas, qui, seuls, avaient le privilège de mâcher la coca, administraient des districts, ainsi constitués : un premier groupe de dix familles, puis un second groupe formé de cinq ou dix de ces premiers groupes, et un troisième composé de cinquante ou de cent de ces groupes.

Ces divers groupes étaient dirigés par des administrateurs hiérarchisés qui cumulaient tous les pouvoirs, y compris celui de juge, sous le contrôle des inspecteurs. Ils maintenaient le culte de l'inca, mêlaient des injonctions religieuses aux devoirs civils et dirigeaient la vie de leurs administrés, qui mangeaient, dormaient, vivaient et travaillaient en commun d'après des règles uniformes. Chaque soir, un employé montait sur la tour du village et fixait les occupations du lendemain. Nul ne pouvait fermer sa demeure, afin qu'elle fût toujours accessible à l'inspecteur.

Le territoire était partagé en trois parties : celle du Soleil, celle de l'inca et celle des sujets. Les deux premières étaient en commun; la dernière était l'objet d'allotements annuels. Les incas avaient introduit, longtemps avant que Fourier ne l'eût proposé, le système du travail joyeux; les administrateurs conduisaient leurs administrés travailler les terres des incas et du Soleil comme à une fête, et, selon l'ordre du sage Pachacuté, les fouettaient d'abord, les pendaient ensuite, s'ils refusaient de s'y associer. Même peine pour celui qui osait se déplacer sans ordre. Les enfants de six à sept ans étaient tenus de fournir leur contingent; les boiteux, les infirmes, étaient astreints à des occupations en rapport avec leur faiblesse; les vieillards étaient employés à préserver les récoltes contre les oiseaux.

Les incas étaient des statisticiens qui connaissaient les ressources disponibles de chaque province, les aptitudes diverses de leurs sujets. Ils augmentaient l'allotement de chaque famille au fur et à mesure de l'augmentation du nombre de ses enfants; ils diminuaient sa part quand ses membres diminuaient. Une partie des récoltes privées était prélevée pour être mise en commun dans des greniers publics ainsi que les produits des cultures des terres du sacerdoce, des terres des incas. Le tout était réparti selon la sagesse de l'administration. Elle élevait et entretenait de grands troupeaux de lamas; elle sacrifiait chaque année un certain nombre de mâles, dont elle distribuait la laine entre les divers ménages, qui devaient, selon des règles fixes, en filer et en tisser une partie pour les incas, les prêtres, les fonctionnaires, et en garder une quantité déterminée pour leurs besoins personnels. Mêmes règles pour le coton.

L'administration requérait des travailleurs pour les mines et pour la construction des monuments qui, dans un pays où il n'y avait pas de bêtes de trait, devaient coûter de terribles efforts, comme le temple de Cuzco et la grande route de Cuzco à Quito, large de quarante pieds, longue de 1,500 milles, contournant des montagnes, traversant des précipices à l'aide de ponts suspendus en lianes, les seuls que les Européens aient trouvés en Amérique. Tous les monuments péruviens étaient conçus d'après une formule unique, qui prouve chez eux l'écrasement de l'initiative individuelle.

Ce régime, d'un despotisme bienveillant et tracassier, établi à la fois sur la superstition et la force, ne pouvait convenir qu'à des populations passives, sans intelligence ni énergie. On rencontre encore au Pérou, avec ces signes caractéristiques, plus d'un million de descendants des constructeurs du temple de Cuzco.

Les institutions du Pérou n'ont été ni élaborées ni imposées par un indigène, mais par des étrangers. D'après l'hypothèse la plus vraisemblable, ce sont des Chinois qui y ont apporté leur hiérarchie mandarinesque, leurs fêtes de l'agriculture, la notion de l'empereur père du peuple, leurs habitudes de règlements minutieux de la vie quotidienne, et les ont imposés à une population crédule et apathique.

La souveraineté des incas a duré environ cinq siè-

5.

cles, de l'an 1000 à 1527, époque où Huaqua-Capac, le douzième de la dynastie, fut renversé par les Espagnols. La légende fait surgir sur les bords du lac Titicaca son fondateur, Manco-Capac, avec sa femme, sa sœur, Mama-Ocella, qui apprirent aux Indiens à filer, à tisser, et les instruisirent dans les arts utiles. La légende confirme la vraisemblance que cette organisation savante et oppressive a été imposée aux indigènes par des étrangers de race et de civilisation supérieures.

V

Au Paraguay, les jésuites remplirent le même rôle que les incas au Pérou. Ils soumirent les Indiens au même communisme bienveillant, protecteur et despotique. Ils commencent en 1610 par réunir cinquante familles; ils leur apprennent à semer, à labourer, à conserver leurs récoltes, à construire des maisons. Ils pensaient, prévoyaient pour eux, les faisaient travailler. Le provincial jésuite, assisté de son conseil, rédigeait les règlements. Un autre recteur, assisté d'un autre conseil, veillait à leur application; chaque district était régi par un procureur fiscal et un lieutenant, qui, chaque jour, en faisaient l'inspection. Cultures en commun, récoltes en commun, tout en commun; constructions des églises et des travaux publics par corvées : ils avaient imposé aux indigènes le même type de civilisation qu'au Pérou.

Ils les avaient si bien soumis, que lorsque l'un de leurs sujets se croyait coupable d'une faute, il venait s'en accuser et se faire donner le fouet, selon les ré-

gles, avec l'adjonction d'une admonition bien sentie.
En un siècle, les jésuites avaient réuni une population
de cent quarante et un mille habitants sous leur puissance, sans compter quelques établissements éparpillés, dont l'un jusqu'en Californie.

Quand leur ordre fut supprimé, en 1767, cette organisation factice s'écroula. Les Indiens s'en évadèrent,
comme des oiseaux d'une cage; en 1802, on n'en comptait plus que quatorze mille qui fussent restés sur le
territoire du Paraguay.

VI

M. Letourneau, dans son *Évolution de la propriété*,
regarde avec bienveillance la civilisation du Pérou, tout
en avouant qu'elle ne laissait rien à l'initiative individuelle. M. Paul Lafargue la montre comme un idéal;
mais cet idéal, c'est un idéal de servitude : d'un côté,
des gouvernants d'une race et d'une civilisation supérieures, organisateurs despotiques ayant conscience de
leur supériorité; de l'autre, des troupeaux dociles, cré-
dules, prêts à suivre le berger qui les soignera, les
tondra et les conduira, de gré ou de force, où il veut
les mener. D'un côté, une caste qui ordonne; de l'autre,
une foule qui n'a qu'un devoir : travailler et obéir.

M. Lafargue accepterait peut-être de faire partie des
dirigeants : je lui demande s'il aurait préféré être
parmi les dirigés plutôt que dans l'affreux état social
issu de la Révolution de 1789. Il lui aurait manqué
au moins une chose, la liberté de critiquer le gouvernement des incas, et il aurait pu servir de victime san-
glante offerte au Soleil.

Ce communisme, si bien organisé, n'était même pas parfait, car il laissait à côté de lui un allotement de terres, un coin de propriété privée ; et si la plus grande partie de l'activité de l'Indien était absorbée par le travail servile fait par corvée, sous la contrainte d'une hiérarchie d'administrateurs, le gouvernement lui octroyait cependant un petit levain d'activité personnelle. Cette restriction, que nous trouvons dans les organisations communistes les plus parfaites, comme celles dont nous venons d'exposer le système, prouve que ceux-là mêmes qui ont formé ces organisations et les ont dirigées, ont senti qu'elles étaient si dépressives qu'ils devaient laisser en dehors d'elles un ressort pour redresser l'individu qu'elles écrasaient.

CHAPITRE X

Démembrement de la propriété commune.

I

Voilà groupées les civilisations les plus communistes que nous présente l'histoire : et elles ont toutes des fissures, puisqu'elles comportent toutes des allotements, un minimum quelconque d'individualisme de culture et de consommation.

Dans d'autres civilisations nous voyons bien la propriété commune, mais comme simple point de départ.

Chez le peuple d'Israël, tous les droits découlent de Jéhovah, par conséquent le droit de propriété. Mais c'est une conception de la propriété basée sur le travail : car pourquoi Jéhovah est-il propriétaire de toutes choses, sinon parce qu'il a créé le ciel et la terre ? C'est parce qu'il a produit une œuvre qu'il a toute puissance sur elle. Il consent à remettre une part de sa

propriété à son peuple préféré. Il a si bien la propriété
de la terre promise qu'il la transmet ; mais, loin de
dire à son peuple : « Vous la cultiverez en commun et
les fruits en appartiendront à tous, » il dit à Moïse :
« La terre sera partagée entre tous ceux qui auront
été comptés, afin qu'ils la possèdent selon leur nombre [1]. » Josué fait le partage du pays de Chanaan entre
les tribus, au prorata de leurs familles respectives.

La propriété est délimitée : « Maudit soit celui qui
change les bornes de l'héritage de son voisin ; » et tout
le peuple répondra et dira : « Amen! » (*Deutéronome*,
XXII, 17.)

C'est l'anathème; et l'usurpation sur le champ du
voisin a pour sanction la mort. Toutefois, comme
les enfants d'Israël ne sont que des usufruitiers de
Jéhovah, il spécifie que tous les cinquante ans, après
une période de sept fois sept années, aurait lieu un sabbat d'une année pendant lequel les terres resteraient
en jachère; les terres vendues retourneraient à leurs
anciens propriétaires; les esclaves recouvreraient leur
liberté.

Mais ce jubilé, institué pour maintenir la fixité dans
les conditions sociales des Hébreux, n'a jamais été mis
en pratique.

II

Chez les Aryas védiques, « tout ce que le monde ren-
ferme est la propriété du brahmane ». Toutefois le
brahmane ne cultive pas lui-même et ne fait pas cultiver sous ses ordres; le roi non plus. Ces deux puis-

1. *Nombres*, XXVI, 53-56.

sances se bornent à répartir le sol entre les familles,
sur lequel elles prélèvent une part de la récolte. Le
roi prend le quart. Le brahmane prend aussi et ne
doit rien au roi. Il fixe tous les six mois la valeur
des métaux précieux, tous les cinq jours le prix des
marchandises. Il veille au maintien du çoudra dans
la misère et lui défend de thésauriser, « de peur, dit
Manou, qu'en s'enrichissant, il ne fasse de la peine au
brahmane ».

III

On nous représente volontiers Sparte comme un idéal
de société communiste, Lycurgue comme une sorte
d'égalitaire, venant enrichir les pauvres, placer le niveau sur la tête des riches; et tout ce qu'on sait sur lui
est plus ou moins vague, à commencer par la date de
son existence : d'après Hérodote, il vivait en 996 avant
Jésus-Christ ; d'après Aristote, en 888 ; d'après Thucydide, en 820.

Qu'étaient les Spartiates? Une petite horde de conquérants, quarante-cinq mille, dit-on, y compris les
femmes et les enfants, campés au milieu des vaincus
plus nombreux qu'eux, cent cinquante mille Périèques,
habitant en dehors de la cité, dépourvus de droits politiques, astreints à une taxe de capitation et au service
militaire, pouvant être mis à mort sans jugement par
les éphores, et cent quatre-vingt-quinze mille ilotes,
esclaves de la terre. Sparte était une caserne ; ses citoyens, entourés d'ennemis, avaient un devoir : être
forts pour la guerre et la domination. Ils auraient pu
jouir du communisme complet. Cependant le système
de propriété était basé sur l'allotement. Lycurgue au-

rait partagé la terre en neuf mille lots égaux qu'il distribua aux Spartiates, et en trente mille qu'il distribua aux Périèques.

Si ces partages eurent lieu, il n'établirent pas l'égalité. Thucydide, Xénophon, Aristote, constatent que cette minorité de privilégiés est divisée par la plus profonde inégalité. Point de travail, point d'industrie. Les lots de terre deviennent insuffisants pour les familles nombreuses. Or, la richesse était obligatoire pour le citoyen spartiate. Sous peine de déchéance, il devait fournir à la syssitia, ou repas public, une quote part spécifiée sous forme d'orge, de vin, de gibier, d'un peu d'argent. Les familles qui eurent beaucoup d'enfants ne purent remplir ces obligations et furent exclues. A la fin de la guerre du Péloponèse, les Spartiates étaient partagés en deux classes, les égaux ou pairs (homoioï), les inférieurs (hypomeïones), de beaucoup les plus nombreux.

A mesure que le nombre des pauvres augmentait, le nombre des citoyens diminuait. Ils étaient 8,000 à l'époque des invasions des Perses; ils n'étaient plus que 1,000 du temps d'Aristote, que 700 du temps d'Agis (250 av. J.-C.).

D'après Polybe, dont l'autorité est sérieuse, pour maintenir l'intégralité du lot, trois ou quatre frères épousaient en même temps la même femme, afin de conserver le patrimoine suffisant pour fournir la contribution nécessaire à la table commune.

Quant à la moralité spartiate, nous voyons tous les généraux spartiates corrompus par l'or persan, le roi Archidamus et les éphores se laisser séduire par les Phocéens pour prendre part à la guerre sacrée; et l'argent qu'ils reçoivent provenait du pillage du temple de

Delphes. Ce n'était pas seulement de vol qu'ils se rendaient complices, mais encore de ce crime terrible pour un Grec : le sacrilège !

Sparte a écrasé et pillé la Grèce. Elle a haï Athènes, comme le hibou hait le soleil : et elle était telle qu'elle était haïe par les siens mêmes. « Ses citoyens libres ou affranchis, dit Xénophon, les citoyens nombreux qui cultivaient les terres, tous ceux sur qui tombait sa puissance rigoureuse, lui portaient une haine amère et l'auraient dévorée toute crue. »

IV

Le communisme religieux du Coran aboutit à constituer de vastes domaines au profit du chef.

Dans les terres de conquête, ils maintinrent les cultivateurs existants, qu'ils assujettirent à une redevance. Ils n'essayèrent pas la mise en commun des biens et leur exploitation administrative.

Ces conquérants ont eu plus de confiance dans la puissance productrice des vaincus que dans la leur.

Au lieu d'essayer de produire eux-mêmes, ils ont trouvé plus avantageux de prélever une quote part de la production du conquis.

La meilleure manière de tirer profit du conquis n'est pas, pour le vainqueur, de le faire travailler directement, mais de le laisser travailler librement et de n'intervenir que pour le partage du produit.

CHAPITRE XI

L'immobilisation familiale.

Quand l'homme est arrivé à constituer la propriété, il cherche à la fixer.

La polyandrie est un des moyens qu'il emploie : chez les Naïrs du Malabar, chez les Bhots de l'Himalaya, la femme représente le domaine : la tradition de la propriété individuelle, concentrée sur sa tête, est certaine à l'égard de l'héritier du sang.

C'est pour ce motif qu'en Malaisie, de Paban à Sumatra, comme chez les Thlinkits de l'Alaska, les Haïda de la Colombie britannique, la propriété est immobilisée dans le clan maternel.

Les Arabes sont passés aussi par le régime de la filiation maternelle : la polyandrie fraternelle y était habituelle jusqu'au v° siècle.

En Espagne, chez les Cantabres, d'après Strabon, les filles héritaient et mariaient leurs frères. Ce besoin de fixité constitue les castes infranchissables que nous trouvons dans des civilisations polynésiennes, chez les Muysins de Colombie, dans l'antique Égypte, dont les tombeaux révèlent des généalogies de vingt-cinq générations d'une famille immobilisée par la même profession.

Au Mexique, les terres de la noblesse étaient aliénables, mais seulement entre membres de la caste, à l'exclusion des plébéiens.

Partout nous constatons le droit d'aînesse, non établi dans l'intérêt du fils aîné, mais dans l'intérêt de la consolidation de la propriété. Le régime des majorats n'est pas propre à l'Europe; il est propre à toutes les civilisations de castes.

Ce souci du maintien de la propriété par l'aîné existe avec une égale intensité au Japon et chez les Basques : l'aîné doit rester, quel que soit son sexe, à demeure dans la maison de la famille; aussi un fils aîné ne peut épouser une fille aînée, parce que chacun a pour devoir de conserver de son côté le domaine familial. Le mari de la fille aînée prend son nom.

En Chine, l'empereur est théoriquement le propriétaire de tout le sol de l'empire, mais il l'a réparti et alloti, à diverses reprises et selon divers modes. En 485, un édit de l'empereur Hia-Wouti attribue à tout homme âgé de quinze ans une part de « 40 meous », qu'il devait exploiter d'après des rites obligatoires, puis restituer à l'État[1].

Mais la maison et le domaine des ancêtres avaient

1. LETOURNEAU, p. 216.

déjà été déclarés inaliénables et incessibles. L'étendue
de ce domaine immobilisé atteignait trente hectares;
quoique cette surface ait dû être réduite dans certaines
régions, au fur et à mesure de l'augmentation de la
population, jusqu'à trois quarts d'hectare, il y avait
70 ou 75 millions d'hectares sur 33 constituant le territoire de la classe soumise à ce régime.

L'allotement viager a abouti à la constitution d'une
propriété immuable, à laquelle le Chinois reste attaché
si loin qu'il aille. Il ne part pour San-Francisco qu'en
s'assurant qu'on rapportera son cadavre dans le caveau
de ses ancêtres.

La djessa javanaise cultive le riz, qui exige des travaux
d'irrigation faits en commun. L'héritier est un admi-
nistrateur, mais là encore on trouve de l'inégalité et de
l'individualisme. Les inégalités s'établissent d'après les
fortunes. La maison d'habitation avec le clos attenant
est propriété privée; les défrichements, faits aux risques de l'individu, la culture du riz, constituent des propriétés privées. M. Letourneau[1] est obligé de reconnaître avec tristesse qu'à Java, à Sumatra, à Célèbes, les
terres cultivées sont des propriétés privées; que, sauf
les rizières qui exigent une culture en commun, on n'a
gardé dans l'indivision que les bois et les terrains vagues : en un mot, ce qui ne vaut rien. M. Letourneau le
déplore, mais il le constate : « Bien ailleurs qu'à Java,
nous rencontrerons la communauté de village, et partout nous la verrons incliner peu à peu de la même manière vers l'appropriation individuelle. Toujours on
commence par espacer de plus en plus les allotements

1. Évolution de la propriété, p. 150.

périodiques, par allonger la durée des périodes, puis on finit par accorder la jouissance viagère. »

Le code de Manou reconnaît la propriété familiale de la maison, d'un jardin, d'une pièce d'eau ; la famille est despotiquement gouvernée par le père ou le fils aîné ; les enfants ne possédaient rien en propre du vivant de leurs pères. Le code de Manou réglait le partage après la mort du père, qui n'avait pas le droit de tester ; l'indivision était sa règle. Cette propriété familiale ne pouvait être hypothéquée, elle ne pouvait être vendue qu'avec l'autorisation des habitants et des voisins. L'impôt était collectif, et même aujourd'hui, en fait, il garde ce caractère. La communauté du village continue de subsister ; les fonctions de cordonnier, de corroyeur, de charron, sont exercées de père en fils ; ils reçoivent des lots de terre, comme le prêtre, et on les cultive pour eux. Renfermée sur elle-même, n'admettant que difficilement des étrangers, elle est régie par le conseil des anciens, qui, pour justifier ses décisions, n'invoque que la coutume : « Nos pères l'ont fait. »

Aujourd'hui elle se détraque, non pas seulement au contact des Anglais, mais, ainsi que l'a fait observer Sumner Maine, sous l'effort de la conscience indivi- duelle des générations modernes ; et même, dans cette communauté, il y a toujours eu des allotements qui n'ont pas cessé de se consolider.

Dans le Penjaub, chaque habitant détient une éten- due de terres dont l'étendue est exprimée « en char- rues ».

Le code de Manou prescrit seulement de laisser au-

1. P. 153.

tour d'un village, pour pâture, un espace inculte, large
de quatre cents coudées ou de trois jets de bâton, et
trois fois cet espace autour d'une ville.

Les Anglais, dans leurs rapports avec les indigènes,
n'ont pas cessé de constater que si ce code de Manou
était écrit, ce n'était pas lui qui inspirait la pratique.

Les Afghans sont répartis en clans exogames; tous les
cinq ou six ans il y a redistribution du domaine public,
nouvel allotement entre les clans, déplacement de villages entiers. A défaut du parfait communisme, c'est
l'affirmation du domaine éminent de l'État. L'agriculture des Afghans en est-elle meilleure ?

Le mir russe, quoique ancien, a été une découverte
précieuse, quoique moderne, pour les socialistes de la
chaire, les patriarcaux et les socialistes révolutionnaires. Trouver en Europe une organisation communiste,
comprenant trente millions de paysans, quelle bonne
fortune ! Seulement l'évolution du mir russe est une
affirmation individualiste. Survivance d'une civilisation
pastorale, il a passé par les phases suivantes :

1° Terre cultivée en commun; récolte répartie entre
les familles proportionnellement au nombre des travailleurs que chacun avait fournis ;

2° Puis allotements périodiques, d'abord annuels, puis
triennaux, ensuite de six ans, de douze ans, de quinze
ans; actuellement, ils sont en moyenne de neuf ans, et
d'autres se sont consolidés d'une manière définitive.

Dans l'ancien mir, il n'y avait ni partage, ni testament, ni legs; mais M. Letourneau constate, toujours
avec mélancolie, que les partages deviennent plus fré-
quents et que les paysans achètent des terres.

Comme les lots étaient répartis selon les « Ames »,

c'est-à-dire selon le nombre des hommes, le père mariait ses filles avec des enfants en bas âge pour avoir plus de lots; mais ses fils trouvaient qu'il menait une vie trop patriarcale avec ses belles-filles.

Maintenant, le fils marié veut avoir sa demeure à lui. Il se soustrait au pouvoir de l'ancien, et il ne reconnaît plus que « là où sont les cheveux blancs, là est la raison, là est le droit ».

Le chef du mir, le staroste, juge les contraventions, prononce les amendes jusqu'à concurrence d'un rouble, exerce la police, fixe les époques des semailles, des moissons, de la fenaison, refuse ou autorise, sans appel, les travaux et les absences : « Dieu seul est le juge du mir! » Sous Ivan le Terrible, il pouvait infliger la peine de mort.

M. de Laveleye constatait avec regret que le sentiment de « l'indépendance individuelle mine et détruit » l'organisation du mir, qui, depuis l'émancipation des serfs, tend à disparaître. Le paysan serf, en sortant du mir, sortira de son ignorance et de la routine agricole qui ne lui fait pas obtenir d'un sol riche plus de trois ou quatre fois sa semence. Nous retrouvons encore le mir en Serbie, en Croatie, en Slavonie, en Bulgarie, en Dalmatie, dans l'Herzégovine et le Montenegro; mais lorsqu'un chemin de fer approche, il disparaît.

En Germanie, il y avait la mark du village, la mark arable, la mark commune ou inculte. On laissait la mark arable en friche pendant trois ans, on procédait ensuite par allotement. L'allod était la propriété de la famille[1]. Ce système survit encore en Néerlande,

____

[1]. SUMNER MAINE.

dans la Drenthe, dans le pays de Bade, dans les cantons de Saint-Gall, Glaris, la vallée de Schwitz de la Suisse allemande. Par périodes variant de dix ans à quarante ans, on procède à des allotements, auxquels ont seulement droit les descendants des familles usagères. Chez les Celtes, si on s'en réfère aux survivances perpétuées en Irlande, la tribu, divisée en clans, était la molécule sociale. « La terre est un homme qui ne meurt pas. » La tribu y était attachée. La terre arable était divisée en allotements et cultivée d'après des rites traditionnels. Les pâturages et les tourbières restaient en commun. Les allotements se transformèrent en propriétés familiales héréditaires. Le chef s'empara de la propriété non allotie et absorba les pâturages par ses troupeaux.

Les chefs écossais devinrent aussi propriétaires du domaine commun dont ils avaient eu tout d'abord l'administration.

D'après ces faits, nous pouvons conclure que la culture et la propriété individuelle sont si bien liées l'une à l'autre que les communautés ne laissent en commun que les pâturages ou les terres en friche ; que, pour les terres arables, elles procèdent par allotements.

L'allotement ne donne pas l'égalité. Nous l'avons constaté à Sparte. Tous les Chinois ont-ils dans toutes les provinces, peuplées et non peuplées, exactement la même quantité de terres ? Le lot de chaque âme, c'est-à-dire de chaque paysan mâle, est-il le même en Russie ? ne va-t-il pas, selon la densité de la population, de dix hectares dans les districts peuplés, à des zones illimitées dans le gouvernement d'Olonetz ?

Dans les contrées de la Russie où se fait l'allotement, les bandes sont longues de 200 et 300 mètres, larges de 5 à 10. C'est commode pour la distribution du terrain. En est-il de même pour la culture ?

L'allotement tend toujours à se consolider en propriété individuelle et perpétuelle.

Partout les communautés agricoles se désagrègent quand l'homme prend une conscience plus nette de sa personnalité.

Résultat du besoin de fixité et de stabilité si puissant chez la plupart des hommes, la propriété familiale aide au défrichement du sol, à la subsistance des groupes plus ou moins nombreux ; mais elle les soumet au despotisme de l'ancien et les immobilise dans la tradition. Elle attache l'homme à une glèbe déterminée et lui interdit de regarder au delà de son horizon. Au lieu de penser, d'agir, de se décider par lui-même, il est habitué à l'obéissance passive envers le chef de famille. Il est enraciné au sol comme un végétal, et sa vie ainsi immobilisée est végétative.

CHAPITRE XII

La propriété de la « gens »,

I

Chez les deux peuples dont l'influence a été et est encore si prépondérante sur la civilisation européenne, les Grecs et les Romains, aussi haut que l'on puisse remonter, on ne trouve pas trace de propriété commune ni trace d'allotement périodique[1].

M. Fustel de Coulanges l'a démontré, non seulement en citant des textes, mais il a prouvé pourquoi, si chez certains peuples grecs on pouvait mettre la récolte presque en commun, la propriété restait privée : la

1. FUSTEL DE COULANGES, *la Cité antique*.

maison était le foyer, l'autel du dieu de la famille, symbole de la vie sédentaire. Une fois établi, il prend une possession immuable du sol, et désormais la famille restera groupée autour de lui. Chaque famille avait son dieu, qu'elle cachait, dont elle conservait jalousement la protection pour elle seule ; elle l'isolait par une enceinte qui était réputée sacrée.

Cette enceinte, appelée par les Grecs *ergos* et par les Latins *herctum*, comprend la maison, les troupeaux, le champ que cultive la famille. Quand les villes se forment, chaque maison reste isolée : à Rome, la loi fixe à deux pieds et demi la largeur de l'espace libre qui doit toujours séparer deux maisons, et cet espace est consacré au « dieu de l'enceinte ».

« Il est résulté de ces vieilles règles religieuses, dit M. Fustel de Coulanges, que la vie en communauté n'a jamais pu s'établir chez les anciens. Le phalanstère n'y a jamais été connu. Pythagore même n'a pas réussi à établir des institutions auxquelles la religion intime de l'homme résistât. On ne trouve non plus à aucune époque de la vie des anciens rien qui ressemble à cette promiscuité de village qui était générale en France au xiiᵉ siècle. Chaque famille, ayant ses dieux et son culte, a dû avoir aussi sa place particulière sur le sol, son domicile isolé, sa propriété [1]. »

La maison est consacrée par la présence des dieux. « Qu'y a-t-il de plus sacré, dit Cicéron, que la demeure de chaque homme ? Là est l'autel, là brûle le feu sacré, là sont les choses saintes et la religion. » Le domicile est inviolable.

---

1. FUSTEL DE COULANGES, p. 67.

C'est dans le sol dont le dieu de la famille a pris possession que les morts reposeront. Nul ne peut les déplacer. Cette propriété reste immuable. Le vivant ne peut y renoncer, et l'accès de la famille du vendeur à ce tombeau reste une servitude perpétuelle pour l'acquéreur.

Les lois de Sparte, de Locres, de Leucade, de Corinthe, qui défendaient de vendre les terres suivent la coutume religieuse; et, loin d'être une atteinte au droit de la propriété familiale, elles font passer dans la loi civile la tradition religieuse.

Chez les Grecs et les Romains, ce n'est point Jupiter qui a constitué la propriété : ce furent les dieux domestiques, le foyer et les mânes. Le Terme consacrait la propriété. Sa pose était une cérémonie religieuse. On le couronnait de guirlandes de fleurs. On plaçait dans la fosse destinée à le recevoir du charbon allumé au foyer domestique, des grains, des gâteaux, des fruits, du miel; on y versait du vin et on y répandait le sang des victimes immolées en son honneur. Alors le dieu Terme devenait inviolable pour Jupiter lui-même, qui n'avait même pu le déposséder pour avoir un temple sur le mont Capitolin. Tous les documents, quelle qu'en soit l'origine, affirment le respect dû à la borne. La vieille loi romaine disait : « Que l'homme et les bœufs qui auront touché le Terme soient dévoués ! » Et cet anathème, c'est la mort expiatoire.

Il n'y a pas d'expropriation pour cause d'utilité publique ; jusqu'à l'âge démocratique des cités, la confiscation n'est qu'une conséquence de l'exil; dans la loi des Douze Tables, le débiteur répond personnellement de la dette, non la terre ; et quand le créancier s'empare de son débiteur insolvable, il jouit des fruits de la terre, mais il ne devient pas propriétaire de celle-ci. Le droit de propriété est inviolable.

La succession s'impose au fils comme un devoir sacré ; il est le continuateur et le gardien du foyer et du culte, et c'est pourquoi la fille ne peut hériter ; car c'est aux ancêtres de son mari qu'elle offre des sacrifices. Les combinaisons qu'on chercha successivement à Athènes et à Rome pour atténuer l'application de la dureté de ce principe ne font que le confirmer[1]. A Athènes, le fils aîné conserve le domaine paternel et garde seul le nom de la famille.

II

La famille était réunie autour du paterfamilias vivant : à sa mort, le fils aîné devenait paterfamilias à son tour et chef de ses propres descendants. Mais les cadets restent groupés autour du foyer unique et du tombeau commun ; ces familles descendant, en réalité ou par hypothèse, d'un ancêtre commun forment la *gens ;* elles éprouvent des difficultés pour suffire à toutes les chances de la vie, aux agressions toujours menaçantes. Tout en gardant chacune son culte particulier, sa justice intérieure, son caractère spécial, elles s'associent à d'autres familles par un culte commun. C'est le groupe qu'en Grèce on appelle la phratrie, à Rome la curie. Plusieurs phratries, plusieurs curies, en se fédérant, formèrent la tribu. Puis plusieurs tribus s'associèrent comme s'étaient associées les familles et les

1. F. FUSTEL DE COULANGES, p. 83.

6.

gentes; cette fédération de tribus constitue la cité. Le peuple romain se composait d'abord de trois tribus, chacune formée de dix curies.

Du temps de Solon, la population d'Athènes était partagée en deux ou trois cents *gentes,* réparties en douze phratries et en quatre tribus.

III

La famille, la *gens,* la tribu, impliquent une profonde inégalité; le fils aîné de la branche aînée reste toujours le *pater :* et tous les autres sont sous sa dépendance. Sa domination s'élève et s'étend au fur et à mesure que les générations se succèdent. A Rome, la *gens* Fabia comptait plusieurs centaines de combattants, et la *gens* Claudia plusieurs milliers de personnes libres. Les branches sont d'autant plus basses que la tige est plus haute. Comme le cadet descend d'un pater, il est un patricien; mais la famille ne comprenait pas seulement ceux qui étaient unis par le sang : elle absorbait les esclaves, les serviteurs, d'une manière indissoluble; ils n'avaient d'autre famille que celle du patron : la différence n'était pas grande entre le client et l'esclave; ni l'un ni l'autre ne pouvaient avoir de propriété personnelle.

« Les chefs de famille, dit Festus, assignaient des portions de terre à leurs inférieurs comme s'ils eussent été leurs propres enfants. » Homère dit : « Un maître bienveillant donne à son serviteur une maison et une terre; » et Eumée ajoute : « une épouse désirée. »

Il était lié à toutes les charges du chef de la famille, et celui-ci était à la fois son propriétaire, son maître et son juge : au propriétaire, le client devait tout son travail; au maître, le service personnel, et il ne pouvait se marier sans son autorisation; et ce patron était à la fois le juge des différends qui pouvaient s'élever entre ses clients, et juge et partie dans sa propre cause. Ulysse est un bon patron qui fait mettre à mort ses servantes qui n'ont pas respecté son absence et un serviteur qui l'a insulté sans le reconnaître.

Si le père a le droit de vie et de mort sur son fils, et sur sa femme, à plus forte raison l'a-t-il sur son client.

IV

Dans toute ville, en Grèce comme à Rome, il y a la cité, bâtie au sommet d'une colline, sanctuaire des dieux, et au delà, au pied de la colline, se trouve, en dehors des clients, une foule de réfugiés, de vagabonds, de bâtards, sans lien de famille, expulsés de familles ou de cités étrangères, victimes de leurs propres fautes ou de l'injustice, de la tyrannie, des caprices de ceux à qui les avait assujettis l'organisation de la *gens*. A Rome, cette tourbe s'appelle plèbe; elle n'a pas accès au mont Palatin; ses membres n'ont pas de famille, *gentem non habent*. Ils n'ont ni foyer, ni autel, ni propriété. Ils sont sans feu ni lieu.

Nul ne peut posséder à Rome, s'il n'est citoyen : et les plébéiens ne sont pas citoyens. Groupés et logés sur l'Aventin, sa propriété ne leur fut reconnue qu'au bout de trois siècles. Ils n'ont pas de droits politiques : car les curies ne comprennent pas les plébéiens. Ils n'entrent même pas dans la composition de l'armée, tant que l'armée est divisée en curies.

V

Toute cité antique, en Grèce et en Italie, est donc une fédération de familles.

A l'origine, leurs chefs, les eupatrides à Athènes, les patriciens à Rome, en possèdent le territoire et le gouvernement. Puis viennent les clients, qui se rattachent à la famille, et la plèbe, sans feu, sans lieu, sans droits.

L'inégalité résulte de l'organisation de la *gens*; elle est à la base de la cité antique et non la conséquence de son développement.

CHAPITRE XIII

La Révolution de Solon.

L'autorité de Plutarque. — Solon. — La réforme monétaire. — Les débiteurs et les créanciers. — Erreur. — Pas de crédit. — Eupatrides et thètes. — Droits féodaux. — Servitude du thète. — La révolution de Solon est le 89 de l'Attique. — Pisistrate et le partage des biens.

Racontant vers l'an 80 après Jésus-Christ des faits qui s'étaient passés vers l'an 593 avant Jésus-Christ, Plutarque ne peut pas plus être invoqué comme une autorité contemporaine de la révolution de Solon, que Michelet ne pourrait être invoqué comme une autorité contemporaine de la guerre de Cent ans. Dans l'intervalle d'une demi-douzaine de centaines d'années, les points de vue changent. Plutarque, qui s'occupe plus de raconter, de faire des tableaux, des portraits, des récits, que de contrôler et d'examiner la valeur des faits, rapetisse l'acte qui porte le nom de révolution de Solon à une liquidation forcée de dettes et à une opération d'altération de monnaies. Les socialistes, à court d'arguments pour la liquidation sociale, s'emparent de ces souvenirs classiques pour dire : « Solon fut grand parce qu'il décida que la quantité d'argent qui servait à frapper 73 drachmes en fournirait 100, et parce qu'il libéra les débiteurs de leurs dettes envers leurs créanciers. » Rien de plus simple.

Or, si Solon introduisit le système euboïque à la place

du système éginétique pour la frappe de l'argent, et s'il prétendit donner à une monnaie plus faible un pouvoir libératoire égal, il fit une opération qui ne trompa personne; mais elle fut de médiocre importance; car rare était l'argent, en dépit des mines du Laurion, introuvable était l'or, et quant aux débiteurs, Plutarque a oublié que toute dette implique une créance, et que toute créance implique crédit. Comment les thètes auraient-ils pu avoir du crédit, puisqu'ils n'avaient rien à eux? Leurs terres appartenaient aux eupatrides. Ils ne pouvaient donc pas les hypothéquer.

Voilà le point qui montre le caractère de la révolution de Solon. Les eupatrides étaient les propriétaires du sol de l'Attique, les thètes étaient leurs clients, leurs serfs de la glèbe; et c'étaient leur propre personne, leur femme et leurs enfants qui répondaient de leurs redevances. À défaut de payement, l'eupatride pouvait les saisir. Solon affranchit les thètes de ce que nous appellerions les droits féodaux; il ajouta que le défaut de payement de la redevance n'entraînerait pas la servitude pour le thète.

Jusqu'alors, la terre était restée immuable. Le dieu Terme défendait la propriété contre toute transmission. Le thète ne pouvait pas plus acquérir la terre qu'il cultivait que le serf du moyen âge. Solon a pu dire: « Ceux qui sur cette terre subissaient la cruelle servitude et tremblaient devant un maître, je les ai faits libres... J'en appelle à la déesse mère, la Terre noire, dont j'ai en maints endroits arraché les bornes, la terre qui était esclave et qui maintenant est libre. » Aristote dit simplement de Solon : « Il fit cesser l'esclavage du peuple. » En réalité, il abolit le servage, mobilisa la propriété noble. Sa révolution est le 89 de l'Attique. Elle en a d'autant plus le caractère qu'elle est suivie de l'égalité devant la loi : Solon se vante dans ses vers d'avoir écrit les mêmes lois pour les grands et pour les petits.

Ce fut si bien le caractère de son œuvre, qu'il se trouva à la fois en butte à la haine des eupatrides dont il avait aboli les privilèges territoriaux, et des démagogues qui promettaient le partage des biens. Pisistrate se mit à la tête de ces derniers, ne le réalisa pas et faillit faire sombrer Athènes sous sa tyrannie.

Quoique, en vertu des préjugés existants, Solon eût, dit-on, frappé de déshonneur quiconque vendrait sa terre, il y avait, avant Clisthènes, 4,286 propriétés de toute grandeur dans l'Attique, probablement une famille de propriétaires pour quatre sans propriétés. Denys d'Halicarnasse dit qu'après la chute des Trente Tyrans, on ne comptait pas plus de 5,000 citoyens non propriétaires. Il y avait 21,000 citoyens. L'Attique était donc partagée en 16,000 propriétés, ayant chacune une étendue moyenne de 9 hectares un tiers. Le nombre des propriétaires avait quadruplé depuis Solon. Il y avait bien quelques grandes fortunes : une fortune de onze talents était considérable ; une fortune de 3, 4, 5 talents était regardée comme fort respectable ; les plus riches, comme Alcibiade et Aristophane, possédaient 300 pléthres de terre (82 hectares).

Cette multiplication du nombre de propriétaires caractérise l'œuvre de Solon.

Du moment que Solon s'était borné à faire une œuvre de liberté, il n'avait rien fait. Ainsi raisonnaient les démagogues qui amenèrent la tyrannie de Pisistrate ; ainsi raisonne M. Lafargue à l'égard des hommes de 89.

CHAPITRE XIV

Rome et les lois agraires.

I

A Rome, il y a trois questions : la mainmise des patriciens sur la plèbe, l'émancipation des clients de la *gens*, le partage du domaine public et des terres conquises.

La question des dettes ne se présente pas d'une manière aussi simple que nous l'imaginons. Les patriciens romains n'étaient pas seulement des usuriers rapaces voulant augmenter leur fortune en prêtant à 12 0/0 d'intérêts. Le prêt était une vente qui se faisait solennellement *per æs et libram*. A l'échéance, si le débiteur ne pouvait s'acquitter, il tombait à la discrétion de son créancier, devenait un client, incorporé de force dans la *gens,* que le paterfamilias pouvait battre et qu'il pouvait vendre, comme son propre fils.

L'histoire de la plèbe de Rome est sa résistance à cette absorption par les patriciens. Elle s'était d'abord appuyée sur les rois ; les rois renversés, elle chercha à se donner des institutions qui la protégeraient contre l'aristocratie des patriciens. De là sa retraite sur le mont Sacré. Au bout de plusieurs mois, les patriciens trouvèrent dangereuse pour la cité la disparition d'une partie de sa population, qui non seulement cesserait de constituer une portion de son armée, mais s'installerait en ennemie dans le voisinage. Ils n'accordèrent pas d'institutions politiques à la plèbe, mais ils lui donnèrent un protecteur, le tribun inviolable, qui n'avait qu'un droit de veto. Alors le peuple romain se trouva composé de deux grands corps en présence : les *gentes* et la plèbe.

Les clients avaient une ambition : s'échapper de la *gens,* comme plus tard nous verrons les serfs s'évader du servage. Au fur et à mesure que l'histoire romaine avance, ils diminuent de plus en plus. Un moment vint où les patriciens n'en avaient plus assez pour cultiver leurs terres. Quand les clients trouvèrent des protecteurs dans le tribunat, ils s'émancipèrent. En 372, ils avaient disparu, et un Manlius pouvait dire à la plèbe : « Autant vous avez été de clients autour de chaque patron, autant vous serez maintenant contre un seul ennemi[1]. »

1. Tite-Live, VI, 18.

Quand les familles, les *gentes*, les phratries, les curies, étaient isolées, le client attendait tout du patron, le bien et le mal, et se résignait à son sort. Celui qui faisait la mauvaise tête était éliminé immédiatement, soit par la mort, soit par l'expulsion, presque équivalente. Quand les groupes s'agglomérèrent, les clients mirent leurs mécontentements en commun. Ils se groupèrent et s'excitèrent entre eux. Se sentant nombreux, ils relevèrent la tête : telle est l'origine des luttes sociales d'Athènes et de Rome. Elles ne proviennent pas de ce que le sort des clients, ni des plébéiens, s'est aggravé en raison du développement de ces cités : elles se sont produites quand ils ont pu s'entendre et se coaliser.

Non seulement le client cherche à s'affranchir de la tyrannie de la *gens*, mais les fils cherchent aussi à secouer la tyrannie paternelle et à s'émanciper de la famille.

La loi des Douze Tables est la manifestation de cet effort.

Le père peut toujours juger son fils, le condamner, le vendre ; la loi ne connaît pas les cognats, les parents par les femmes ; le mari ne succède pas au fils, ni le fils à la mère ; mais le patrimoine peut être partagé par les frères : le père ne pourra pas disposer plus de trois fois de la personne de son fils, et après trois ventes le fils sera libre. Enfin, elles émancipent la propriété de la *gens* en reconnaissant à l'homme le droit de disposer de son bien par testament.

La plèbe se servit du droit qu'elle avait conquis pour demander accès à la propriété.

Conserver sa propriété, prendre celle des autres, telle est la politique du Romain.

II

La guerre était le grand moyen d'acquérir la propriété. « La propriété la plus légitime aux yeux de nos ancêtres, dit Gaïus, est celle qu'ils avaient acquise à la guerre. » La propriété quiritaire signifie propriété des hommes de la lance. La plèbe réclamait sa part du domaine commun.

Les gens riches usaient du domaine commun laissé en pâturages, inutile à celui qui n'a pas de troupeaux, utile à celui qui a le plus de têtes de bétail. C'est pour remédier à cet abus que les lois licéniennes proposaient de limiter pour chaque père de famille à cent bœufs et à cinq cents moutons le droit de parcours. Les lois agraires romaines n'ont pas pour but d'exproprier les propriétaires ayant acquis leurs immeubles par leur travail ou par leurs capitaux, en vertu des contrats d'achat. Les lois agraires, celle de 367, celle des Gracques de 134, ont pour but le retrait des terres domaniales usurpées : encore accordent-elles des dédommagements et laissent-elles à chaque occupant 500 jugères[1] (environ 150 hectares) à son nom, et 250 (75 hectares) au nom de chacun de ses enfants mâles. Les terres rentrées dans le domaine seront divisées en lots de 30 jugères (7 hectares) et distribuées, par voie de tirage au sort, aux citoyens et aux alliés italiques, qui les retiendront à bail perpétuel et héréditaire, moyennant une modique rente au trésor. Des triumvirs élus chaque année devront faire exécuter la loi ; ils recevront une

1. La jugère est de 25 ares 182.

somme destinée à l'achat de nouvelles terres à partager. Il sera interdit aux nouveaux détenteurs de vendre ou de céder la portion à eux assignée.

Telle était la loi proposée par le tribun Tibérius Gracchus : mais pour la faire voter, il fit déposer son collègue Octavius : en touchant à son inviolabilité, il se frappait lui-même ; et quand, violant de nouveau la constitution, il voulut se faire réélire, il périt sur la rampe du Capitole. Son frère Caïus reprit la loi, en 123, et la compléta : 1° en faisant voter l'établissement de colonies pour les pauvres, à Tarente, à Capoue, à Corinthe et à Carthage ; 2° en proposant la loi Frumentaire, d'après laquelle l'État nourrirait les citoyens nécessiteux. Mais le tribun Livius Drusus y mit des surenchères, discrédita Caïus Gracchus, le fit traiter de réactionnaire, exiler à Carthage, mettre hors la loi, et l'accula au suicide.

Les communistes ou socialistes de nos jours ne peuvent pas invoquer ces propositions de lois agraires comme précédents. Les Gracques ne demandaient pas la mise en commun et l'exploitation en commun de terres ayant été achetées par les patriciens. Ils se plaignaient, au contraire, de ce qu'on n'eût pas alloti les terres conquises, de ce que les terres laissées dans le domaine public eussent été usurpées par les patriciens, et ils demandaient quoi ? leur restitution.

A ces revendications, les patriciens n'avaient pas de droit à opposer, car, l'origine de ces biens étant la conquête, ils appartenaient à la République. Au lieu de les partager, elle avait eu le tort de les laisser en commun ; mais, ce qui appartient à tous finissant par n'appartenir à personne, les plus entreprenants se les étaient attribués. L'Afrique conquise était devenue la propriété de six personnes.

Rome, où l'industrie et le commerce étaient réputés œuvres viles[1], était une cité qui consommait toujours et ne produisait jamais. Elle n'avait que la guerre pour industrie et attendait tout des tributs que lui payaient les peuples conquis. Du temps de César, sur les 450,000 citoyens qui la peuplaient, 320,000 ne vivaient que des largesses que leur faisaient les hommes au pouvoir. Auguste dans son testament énumère les siennes, comme des titres de gloire. L'organisation romaine était une organisation communiste, non pas pour la production, mais pour la distribution des richesses, faite par l'intermédiaire des consuls et des généraux, aussi bien de Cicéron que de César; c'est pourquoi, la foule était toujours prête à se livrer à celui qui lui promettrait et lui donnerait le plus; et le citoyen romain, vainqueur du monde, devint le plus servile, le plus lâche des sujets, et n'eut pour politique qu'une mendicité impudente : *Panem et circenses ! Du pain et des spectacles*[2] !

Les mœurs familiales de la *gens* ont laissé une empreinte sur la plèbe de toutes les cités grecques et romaines. Elle attend son bonheur d'un patron plus puissant que les patrons des *gentes* : et ce patron, c'est le tyran en Grèce, c'est le dictateur à Rome.

A Athènes, après Solon, elle élève à la royauté Pisistrate, qui lui promet le partage des terres; elle installe

1. CICÉRON, *De officiis.*
2. MOMMSEN, *Histoire romaine.* — DUREAU DE LA MALLE, *Économie politique des Romains.* — LEVASSEUR, *Histoire des classes ouvrières.*

Cypsélus à Corinthe, Thrasybule à Milet, Pittacus à
Mitylène, Polycrate à Samos ; elle a des tyrans à
Acyos, à Épidaure, à Sicyone, à Cumes, à Crotone, à Sy-
baris, à Syracuse. A Rome, la plèbe soutient les rois
contre les patriciens : elle organise des complots pour
rétablir les Tarquins ; elle élève au suprême pouvoir
Publicola, Spurius Cassius, Manlius ; elle prend et aban-
donne tour à tour les Gracques ; elle se livre à Marius ;
elle est avec Catilina ; elle acclame César et triomphe
dans l'Empire. Cette affection dépravée de la plèbe
pour la tyrannie est l'expression de sa haine contre les
pères de famille des *gentes*.

III

Ces faits nous permettent de formuler les conclusions suivantes :

La *gens* est un régime d'inégalités consolidées, dans
lequel les personnes et les biens sont à la discrétion
du chef.

Les dissensions des républiques, grecques ou latines,
ne sont point venues d'une aggravation d'inégalité entre patriciens et plébéiens ; l'inégalité initiale était plus
grande.

La politique de la plèbe, en Grèce et à Rome, a été
d'opposer aux *patriciens* un tyran ou un dictateur.

CHAPITRE XV

L'esclavage.

I

Il y a un genre de propriété dont ne parle pas
M. Lafargue dans son apologie du communisme primitif: c'est celle de l'esclave.

L'enfant est un esclave donné par la nature.

Pour l'homme, la femme est une esclave à usages multiples.

Ces esclaves sont communs dans les tribus primitives dont nous avons parlé : chez les Australiens, la femme sert à tous : chacun se donne le droit d'en jouir, de la battre ou de la tuer ; nul ne la défend.

L'enfant et la femme gagnent à devenir propriétés personnelles : quand un maître a tout pouvoir sur eux, il protège sa propriété si un autre veut y porter atteinte, tandis qu'auparavant ils n'avaient que des oppresseurs.

Nous voyons se perpétuer cette possession absolue du mari et du père dans la famille grecque et romaine, où le père a droit de vie et de mort sur sa femme et ses enfants.

A Rome, la loi des Douze Tables, qui commençait à émanciper le fils, donnait encore au père le droit de le vendre trois fois.

Actuellement, chez une foule de peuples, le mariage ne consiste que dans la vente de la jeune fille par le père, comme chez les Chibcha, comme chez les Kabyles, où, pour dire qu'un père a marié sa fille, on se sert de cette expression : « Il a mangé sa fille. » Ailleurs c'est le frère qui vend sa sœur. Telle était la coutume des Hébreux ; telle elle est chez les Guarayo.

Quand une population s'élève jusqu'à la notion de culture, les femmes y sont astreintes comme des animaux domestiques. Un chef néo-zélandais répondait à un Anglais qui lui conseillait la monogamie : « Soit, quand j'aurai, comme les Anglais, des bœufs et des chevaux pour travailler ma terre. »

II

L'idéal de toutes les civilisations primitives, aussi bien de l'Arya védique que du Sémite, que du petit chef africain, que du Peau-Rouge américain, c'est de voler aux autres ce qu'ils ont produit et de les voler eux-mêmes afin de les faire travailler. L'occupation la plus noble, c'est la guerre, qui enrichit par le pillage et donne des esclaves ; et on trouve encore, ô honte! des traces de cet intellect primitif chez les peuples les plus civilisés.

Ce discours d'un petit chef africain des bords du Tanganika résume cette conception :

« Nous, Vuahehi, notre métier c'est la guerre. Chaque année, au moment des moissons, nous partons pour l'Urosi, l'Usango, l'Usayara, pour ramasser des femmes et des enfants[1]. »

Et sur la rive gauche du Tanganika un autre répond :

« Ne sais-tu pas que Kabinda a tout pillé? Nos femmes et nos enfants sont partis la fourche au cou. Il ne nous reste plus une seule arachide, une seule patate, et nous sommes obligés d'aller chercher nos semences à cinq jours de marche vers le nord, et encore n'en obtenons-nous qu'en vendant nos frères[2]. »

Dans le communisme monarchique, le petit chef africain considère que ses sujets sont ses esclaves : il en trafique, il les tue, il les mange.

A Viti, les esclaves sont des bêtes de somme et de boucherie. Sur les bords du Djoliba, le docteur Quin-

1. V. Giraud, *Voyage dans l'Afrique équatoriale*, p. 112.
2. V. Giraud, *l'Afrique équatoriale en 1883.*

tin a vu des esclaves attachés à l'étal. C'était de la
« viande sur pied ». Les Monbouttou la boucanent.

Chez les Grecs et chez les Romains des temps historiques, on n'allait pas jusque-là; mais la vie de l'esclave était sans importance.

Hécaton, d'après Cicéron, demandait si, pour alléger
un navire en perdition, il valait mieux jeter à la mer
un cheval de prix ou un esclave sans valeur. Caton se
débarrassait de ses vieux esclaves, comme de bouches
inutiles. La loi aquilienne ne fait point de différence
entre une blessure faite à un animal domestique ou à
un esclave.

Apulée nous a laissé la description des esclaves
enchaînés à la meule, couverts de quelques guenilles
sordides, le dos marbré de coups, la peau soulevée en
escarres purulentes, et si affamés, dans le nuage de
farine qu'ils broyaient, qu'une muselière garnie de
pointes de fer les empêchait d'y goûter.

Les esclaves étaient si nombreux qu'ils écrasaient
sous leur nombre la population libre.

Tandis qu'Athénée évalue le nombre des esclaves à
400,000 dans l'Attique et à 21,000 celui des citoyens,
M. Wallon l'évalue environ à 200,000, chiffre probable.
Platon, en attribuant 460,000 esclaves à Corinthe, et
Aristote 470,000 à l'île d'Égine, ont fort exagéré; mais
il n'en est pas moins vrai que, dans les civilisations les
plus développées de la Grèce, leur nombre tantôt dé-
passait, tantôt égalait celui de la population libre. Des
temples possédaient des armées d'esclaves : celui de
Comana, en Cappadoce, 6,000; celui de Morimène,
3,000. Régulus avait acquis, dans une campagne, 20,000
esclaves, 30,000 à Panonne ; Paul-Émile, 150,000 en

Syrie ; Marius, 60,000 Teutons ; César, 50,000 Aduatiques ; et, d'après ses apologistes, Pompée aurait dépassé tous ses prédécesseurs et ses rivaux, en donnant à la République plus de deux millions d'esclaves.

Sous Auguste, on trouve un testament comprenant 4,116 esclaves : Athénée, Sénèque, parlent de propriétaires de vingt mille esclaves. D'après Strabon, dans un seul jour, au marché de Délos en Cilicie, on voyait dix mille esclaves[1].

III

Athènes, si supérieure aux autres civilisations, avait pris la devise d'Hésiode : « Aucun travail n'est honteux. » — « Il n'y a de honte qu'à ne point échapper à la pauvreté par le travail, » disait Périclès.

Thémistocle invita les artisans étrangers à venir s'installer à Athènes, en leur accordant certaines faveurs et en les exemptant d'impôts. Mais Aristote représentait l'opinion de ses concitoyens quand il disait : « Les citoyens ne doivent exercer ni les arts mécaniques ni les professions mercantiles ; car ce genre de vie a quelque chose de vil et de contraire à la vertu. C'est à eux aussi que doivent appartenir les propriétés, puisqu'il est nécessaire que les laboureurs soient ou des esclaves, ou des Barbares, ou des Périèques[2]. » Nicias avait mille esclaves employés aux mines. Dans la succession de Démosthène, on trouve trente esclaves fabricants d'épées, vingt esclaves fabricants de lits. Le citoyen

1. WALLON, *Histoire de l'esclavage.* — MOMMSEN, etc.
2. *Politique*, liv. VIII, ch. VIII et IX.

d'Athènes achetait des esclaves, les mettait sous la direction d'un esclave chef d'atelier et n'avait qu'à vérifier les comptes et à toucher le produit de leur travail.

Il y avait donc une confusion et une concurrence funestes entre le travail libre et le travail servile.

Une confusion : car l'ouvrier libre se trouva mêlé à l'ouvrier esclave; et, au lieu de l'élever à lui, il se dégrada à son contact; il eut honte de se livrer à la même occupation : cette honte était justifiée, car il était mis à son niveau. Les arts utiles étaient considérés comme le devoir des esclaves; l'oisiveté, comme le droit des citoyens; et la concurrence du travail servile faisait de cet apanage une servitude.

A Rome, cet écrasement de la main-d'œuvre libre par le travail de l'esclave était si bien sentie que les lois Liciniennes ordonnaient que tout propriétaire serait tenu d'employer des travailleurs libres en nombre proportionnel à celui des esclaves.

Ce n'étaient pas seulement les simples manœuvres à qui l'esclave enlevait tout espoir de gagner sa vie; mais le médecin était un esclave, l'instituteur était un esclave, le constructeur de navires était un esclave. Les citoyens n'avaient en réalité qu'une industrie où ils ne fussent pas écrasés par cette concurrence ; c'était la guerre; et la guerre avait pour conséquence, en augmentant le nombre des esclaves, d'écarter tout homme qui, en gardant sa liberté, aurait essayé de vivre de son travail. Aussi ce ne fut que sous les Antonins que, les esclaves diminuant, on vit reparaître le travail libre et se réorganiser les corporations de métiers.

IV

Varron conseille d'accorder un coin de terre aux bons esclaves, de les attacher au sol. La loi valentinienne défend de vendre des esclaves tenanciers sans la terre qu'ils cultivent.

Tout l'effort de l'esclave consiste à dégager sa personnalité de celle de son maître, à substituer des services réels aux services personnels, des obligations déterminées à des obligations indéterminées.

Cet esclave tenancier avait une situation supérieure à celle de l'esclave et du client de la *gens* primitive, dont les obligations étaient indéfinies et sur qui le paterfamilias avait droit de vie et de mort.

V

De prétendus sociologues, des hommes politiques mystérieux et profonds qui, en prononçant un grand mot, croient avoir dit une grande chose, parlent, à propos de la propriété moderne, des *latifundia* romains : et ils oublient que ces *latifundia* avaient pour origines la *gens* initiale et la conquête ; ils comparent la démocratie actuelle à la plèbe romaine : et ils oublient que cette plèbe était composée d'une tourbe sans feu ni lieu et de clients réfractaires ; que ceux qui y grouillaient étaient des parasites qui ne pouvaient acquérir la richesse par le travail, parce qu'il était monopolisé par l'esclave, et qu'il n'y avait qu'une industrie donnant honneur, pouvoir et richesse, la guerre ; tandis qu'actuellement, entre peuples avancés en évolution, la guerre est une industrie qui ne paye plus ses frais.

Ils oublient que les professions qui ont pour objet d'augmenter la puissance de l'homme sur les choses étaient tenues en mépris, tandis que celles qui avaient pour but d'asservir des hommes à d'autres hommes, étaient tenues dans la plus haute estime, alors que le *progrès se mesure au minimum d'action coercitive de l'homme sur l'homme et au maximum de puissance de l'homme sur les choses.*

Ils oublient que l'esclavage empêchait la formation de cette portion des sociétés modernes qui est l'horreur de M. Lafargue, et qui en fait la force, la bourgeoisie; et qu'il en résultait pour la civilisation romaine une faiblesse que Bossuet, quoique prélat de cour, a bien définie quand il disait : « Les grands ambitieux et les misérables qui n'ont rien à perdre aiment toujours le changement. Ces deux genres de citoyens prévalaient dans Rome, et l'État mitoyen, qui seul tient tout en balance dans les États populaires, étant le plus faible, il fallait que la République tombât[1]. »

Quand on veut chercher dans ces cités antiques, surtout dans Rome, des pronostics de ruine pour la démocratie moderne, on oublie qu'elles avaient l'esclavage et qu'elles n'avaient pas la bourgeoisie.

Je comprends que M. Lafargue ait oublié de parler de l'esclavage, car c'est le point d'appui qui manque aux démagogues actuels; et qu'il ait la bourgeoisie en exécration, car c'est l'obstacle contre lequel se brisent leurs ambitions. Les flots socialistes viendront en vain

---

1. *Discours sur l'histoire universelle,* ch. vii.

le couvrir de leur écume et l'entourer de leur mugis-
sement. Ils se replieront en remous impuissants et s'é-
vanouiront dans les temps et les espaces.

La bourgeoisie non seulement demeurera, mais elle
comprendra tous les hommes susceptibles de s'adapter
au type supérieur de la civilisation de production et
d'échange.

CHAPITRE XVI

La thèse communiste et les faits.

I

M. Paul Lafargue reprochait aux économistes de ne pas aller étudier la propriété chez les hommes de la pierre brute. Il ne peut pas me reprocher maintenant de ne pas l'avoir suivi à travers toutes sortes de civilisations primitives. Ce n'était pas la première fois que je visitais les Fuégiens, les Péchuerais, les Weyddahs, les Australiens, que je les voyais dévorer du poisson cru, des baleines pourries et se régaler de leur vermine, tuer leurs enfants et manger leurs femmes, le tout dans un communisme presque parfait. Mais je persiste à ne pas voir l'intérêt des socialistes à nous montrer que plus *l'individu est barbare et moins il a la notion de la propriété.*

Non seulement M. Lafargue, mais aussi M. Letourneau sont obligés de constater que le sentiment de la propriété individuelle s'affirme d'autant plus que la personnalité humaine est plus développée.

L'étude de la méduse peut être utile : mais le physiologiste ne dit pas que l'homme a dégénéré parce que son organisme est autrement compliqué que celui de cette masse de gélatine. Mes collègues de la Société et de l'École d'anthropologie[1] le savent, puisqu'ils ont pris l'homme pour l'objet de leurs études ; s'ils remontent jusqu'à l'homme préhistorique, ils nous permettent d'autant mieux de voir notre point de départ ; mais jamais Mortillet ne nous a montré comme idéal l'état social de nos ancêtres des cavernes.

1. M. YVES GUYOT est vice-président honoraire de l'École d'anthropologie.

M. Lafargue est plus hardi ; et malgré ses prétentions scientifiques, il nous propose de revenir sucessive-
ment tantôt au communisme primitif, tantôt à la *gens*
antique, selon qu'il étudie l'un ou l'autre. Il nous propose de remonter à toutes les étapes ; il n'y en a qu'une
qu'il trouve détestable, épouvantable, digne d'horreur
et de mépris : c'est celle à laquelle nous sommes arrivés. Il est optimiste pour le passé et pessimiste pour
le présent. Il est le Pangloss des civilisations frappées
d'un arrêt de développement : il est un Timon pour
celles qui continuent à évoluer dans le sens indiqué
par toute l'histoire.

II

M. Lafargue trouve les sauvages « des êtres plus complets que les civilisés, puisqu'ils sont capables de pourvoir à tous leurs besoins » (ch. II, § II). Ils y pourvoient
quand ils le peuvent, et la manière dont ils y pourvoient
n'a rien de très engageant pour les civilisés. Si, en sociologie, M. Lafargue considère comme supérieur le
sauvage à l'homme civilisé, parce que le premier ignore
la division du travail et que la civilisation développe la
spécialisation des fonctions, il considère sans doute, en
biologie, l'organisme du protozoaire comme supérieur
à celui de l'homme.

III

M. Lafargue hait la propriété individuelle parce
qu'elle est une des formes de la différenciation des aptitudes humaines ; mais, bien qu'il essaye de justifier

son horreur par les faits qu'il invoque, nous avons démontré qu'ils prouvaient contre sa thèse.

Si la propriété individuelle est une usurpation sur le domaine commun de l'humanité, j'ai prouvé qu'il n'y a pas un seul homme, tout communiste qu'il puisse être, qui ne soit coupable de ce crime.

Presque à la première étape de l'humanité que nous connaissons, nous voyons des nomades australiens se considérer comme propriétaires de terrains de chasse et de pêche; les Peaux-Rouges de l'Amérique du Nord consacraient la plus grande partie de leur existence à se disputer ses immenses territoires; et que faisaient-ils? Ils faisaient acte de propriétaires, si mauvais que fût le parti qu'ils savaient tirer de leur propriété. Ils avaient usurpé sur la propriété commune, si éparpillés qu'ils fussent. C'étaient d'infâmes propriétaires.

M. Engels et M. Lafargue présentent comme le rénovateur de la sociologie Morgan, qui, après un séjour de quarante ans parmi les Iroquois, était devenu Iroquois lui-même, ayant été adopté par la tribu des Senekas; mais, quelque fier qu'il fût de sa parenté peaurouge, il continuait d'avoir le culte de l'imprimerie, à ce point qu'il fît publier, aux frais du gouvernement des États-Unis, de beaux volumes in-4° afin d'engager l'humanité à revenir aux pures joies de la chasse aux bisons et aux béatitudes du scalp.

Rousseau n'eut même pas l'idée d'aller dans une des îles de la Polynésie découvertes par Cook ou Bougainville essayer de vivre à l'état de nature; et cependant Diderot avait montré les charmes de Tahiti dans son *Supplément au voyage de Bougainville*. Mais les Tahitiens étaient déjà des civilisés, ayant le sentiment de la propriété. Si l'infanticide était une pratique reconnue, les enfants qui survivaient avaient le droit de tester.

IV

Après avoir vanté les charmes du communisme primitif, M. Lafargue se résigne à suivre l'humanité qui s'en dégage. Il arrive à la *gens* des Peaux-Rouges, des Grecs et des Latins primitifs, et il s'écrie avec mélancolie : « Si l'humanité avait pu s'arrêter ici ! »

Frédéric Engels, dont s'inspire M. Lafargue, a célébré les vertus de la *gens* dans un dithyrambe que je me garde bien de ne pas citer :

« C'est une admirable constitution, dans toute sa finesse et sa simplicité, que cette constitution de la *gens*; sans soldats, gendarmes ni policiers, sans noblesse, sans roi, gouverneurs, préfets ou juges, sans prisons ni procès, tout marche régulièrement[1]. »

Nous avons vu que tout y marchait régulièrement à la volonté du chef de famille, plus ou moins respectueux de la coutume, qui avait droit de vie et de mort sur chacun de ses membres, femme, enfants, clients et esclaves. Il n'y avait pas de roi, dit M. Engels : le chef de famille était un autocrate. Il n'y avait pas de noblesse, dit M. Engels : et sa descendance directe dominait les autres familles ; toutes dominaient les clients; et tous, y compris ces derniers, tenaient au-dessous d'eux les esclaves. « Il n'y avait pas de prisons : » longtemps elles ont été inutiles; on frappait le coupable d'expulsion, de mutilation ou de mort. « Il n'y avait

---

1. ENGELS, *l'Origine de la famille et de la propriété privée*, trad. franç. (1893), p. 136.

pas de procès : » le chef concentrait tous les intérêts dans sa main, ordonnait et jugeait à la fois. M. Engels n'ajoute pas qu'il n'y avait pas de bourreaux : et en effet dans beaucoup de *gentes,* le chef de famille était à la fois le législateur, le juge et le bourreau.

La *gens* est un troupeau conduit par un berger plus ou moins farouche. M. Engels nous affirme qu'il n'y avait pas de lutte pour l'existence dans l'intérieur de la *gens*. M. Engels nous affirme que tous ses membres étaient des moutons dociles. Cette assertion est en contradiction avec tous les faits connus et vraisemblables.

Il oublie enfin les luttes de *gens* à *gens*, les enlèvements réciproques de troupeaux, de femmes, d'enfants, d'esclaves.

L'humanité franchit une nouvelle étape. M. Lafargue suit : il arrive au communisme du Pérou et du Paraguay. Là il s'arrête de nouveau pour adorer les incas, et nous propose ce communisme d'État reposant sur la servilité du peuple. Nous le verrons de nouveau nous vanter la féodalité. Il n'y a que le régime moderne, issu de la Révolution, que M. Lafargue n'admette pas.

A le voir vanter tous les types de civilisations arriérées, on en arrive à se demander avec stupeur : « Qui trompe-t-on ici ? » M. Lafargue se présente comme un révolutionnaire : et dans ce livre il se montre comme un adorateur du passé, le type du parfait réactionnaire, qui trouve que tout ce qui a été vaut mieux que ce qui est.

V

M. Letourneau vante la supériorité du communisme sur la propriété individuelle à l'aide d'arguments de ce genre : il constate que dans la Polynésie existait la propriété individuelle [1] : or les Polynésiens ne représentent pas une civilisation supérieure. Donc, conclut-il, la propriété individuelle n'est pas le signe caractéristique d'une civilisation supérieure.

M. Letourneau cependant établit lui-même que toute propriété individuelle plus nettement dégagée atteste une civilisation supérieure.

Les civilisations communistes se sont-elles développées à l'égal des sociétés basées sur la propriété individuelle? Est-ce qu'elles ne sont pas toutes frappées d'arrêt de développement? Ne voyons-nous pas tous ces groupes communistes gouvernés par la coutume, vieillis dans la tradition, incapables de se transformer et d'évoluer sans briser leur moule?

Dans la *gens* antique, il n'y a qu'un homme qui ait le droit de prendre des décisions personnelles : c'est le chef; dans la communauté de village hindou, personne n'a même ce droit : tout le monde doit faire ce qui a été fait.

Or, le progrès de l'homme consiste à substituer sa propre volonté à l'obéissance aux autres; une action raisonnée à une action mécanique, l'intelligence à l'instinct [2].

VI

MM. Lafargue et Letourneau accusent la propriété individuelle et le commerce d'être la source de la richesse et de la pauvreté. Ils oublient que l'origine de

1. P. 91.
2. *V.* Yves Guyot, dans *la Morale*, la théorie de l'organisation de l'action réflexe.

la richesse, dans les civilisations primitives et dans les
civilisations de *gens,* de clan, c'est la guerre ; que c'est
elle qui crée les inégalités les plus profondes, qui
transforme des hommes libres en esclaves, qui enrichit
les vainqueurs des dépouilles des vaincus. Elle n'a pas
seulement les effets d'un ouragan qui détruit et passe,
et dont les victimes peuvent réparer les ruines. Pour
maintenir leur domination, les vainqueurs les écrasent :
et cet écrasement peut durer des siècles.

Sur les pyramides d'Égypte, sur les bas-reliefs des
palais de Ninive, on voit la glorification de la barbarie
des vainqueurs.

M. Lafargue ne nous montre nulle part des propriétaires, des industriels et des commerçants se glorifiant
de rendre misérables ceux qu'ils emploient. Au contraire, leur amour-propre consiste à montrer que tous
ceux qui les entourent participent à leur prospérité.

La civilisation guerrière, c'est l'exploitation des
vaincus ; la civilisation industrielle, c'est la collabora-
tion réciproque des producteurs et des consommateurs.

VII

Cependant MM. Lafargue et Letourneau n'ont pas
complètement tort quand ils disent que la propriété
établit une distinction entre les riches et les pauvres.

C'est exact : car nous avons vu que dans la *gens*
communiste primitive on eût en vain cherché des riches ;
ils jouissaient de l'égalité de la plus épouvantable misère. Mais dans le communisme de la *gens,* si admiré
par MM. Lafargue, Engels et Letourneau, le chef de
famille seul possède ; il répartit la richesse à son gré ;

est-ce que le client n'est pas pauvre? est-ce que l'esclave n'est pas pauvre? et le plus pauvre de tous les hommes, puisqu'il ne se possède pas lui-même.

VIII

Voilà ce que nous a montré cette esquisse, rapide, mais exacte, de l'évolution de la propriété. Malgré la meilleure volonté du monde, je ne puis pas trouver que le sort du Fuégien soit préférable à celui du plus humble des huit millions de petits propriétaires individuels qui vivent en France. Ses sabots, sa chemise de toile, ses vêtements de laine, sa chaumière, son foyer, son lit, le préservent mieux du froid et de la pluie que la peau dont les Fuégiens abritent leur nudité en la tournant du côté où souffle le vent, et la broussaille derrière laquelle se cachent les Cochimi et les Guyacura. Son pain noir vaut mieux que les moules des Fuégiens. En dehors de toute sentimentalité, je pense que M. Lafargue admettra qu'un morceau de lard est préférable à la carcasse saignante d'une vieille femme desséchée par la famine. Au point de vue intellectuel, le paysan bas breton, qui ne sait pas lire, a des notions autrement larges que le communiste primitif.

On ne nous a montré, comme types des civilisations communistes, que les plus effroyables et les plus misérables des êtres humains, et M. Lafargue et autres socialistes nous disent d'un air engageant :

« C'est là qu'il faut revenir ! »

Pour mon compte, je recule et leur dis :

« Donnez l'exemple. Allez en goûter les délices, si vous voulez. Quant à moi, je vous tourne le dos. Ce

n'était point sous ces couleurs que les écrivains israé-
lites nous montraient l'Éden primitif, et Hésiode ne
nous conviait point à remonter vers un âge d'or qui
n'est que l'âge de la pierre brute. Maintenant que nous
savons tous la vie qu'y mènent ceux qui s'y sont at-
tardés, je répète avec Saint-Simon : « L'âge d'or n'est
pas derrière nous ; il est devant nous. »

LIVRE DEUXIÈME

LA PROPRIÉTÉ ET LE RÉGIME FÉODAL

CHAPITRE PREMIER

Troubadourisme collectivis э.

L'idylle féodale. — Les droits du seigneur. — Pauvres seigneurs.
Le devoir et le lucre.

Après nous avoir vanté les charmes du communisme
primitif, M. Paul Lafargue consacre une partie de son
étude au régime féodal. En apologiste du passé, en con-
tempteur du présent, M. Paul Lafargue nous fait l'idylle
des populations de la Gaule et de la Germanie; tout
était bien à l'origine; tout se corrompit, pour aboutir
à l'abominable révolution de 1789. M. Lafargue préfère à notre système économique actuel les droits féodaux, la corvée, les bans de moissons, les banalités, la
dîme payée en nature, sans compter les autres droits
du seigneur (ch. IV, § IV). Il est tout prêt à plaindre
le baron de « ses devoirs nombreux et onéreux envers
ses serfs, ses tenanciers et ses vassaux » (ch. IV, § I),
et il déclare que « le devoir alors, comme le lucre aujourd'hui, était l'âme de la société » (ch. IV, § I). Cette

phrase appartient à l'histoire troubadour qui fleurit vers 1820 et fournit tant de dessus de pendules.

Puisque M. Lafargue essaye de persuader à ses lecteurs que, si le régime féodal ne vaut pas le communisme primitif, il est cependant de beaucoup supérieur à l'organisation économique de la civilisation actuelle, je suis obligé, après tant d'autres, d'en rappeler le caractère, afin de mettre les faits en regard de sa thèse.

CHAPITRE II

Les origines du régime féodal.

La *gens* gauloise semblable à la *gens* romaine. — L'aristocratie gallo-romaine. — Minorité des hommes libres. — Fusion des Barbares avec les Gallo-Romains. — Les Barbares n'ont apporté que le wergeld. — Pâture commune et justice privée. — Le vasselage existait chez les Gallo-Romains. — Les bénéfices pour les vétérans. — Les alleux. — La recommandation. — La vassalité et Charlemagne. — Confusion d'attributions.

Quand les Romains envahirent la Gaule, ils trouvèrent des *gentes*, des tribus et des confédérations de tribus analogues à celles d'où était sortie leur cité. Ils exploitèrent les rivalités, les haines et les ambitions de ces divers groupes, de manière à les faire se détruire les uns par les autres; et ils y réussirent si bien qu'il leur suffisait de trois mille soldats pour garder quelques millions de Gaulois, comme il suffit aux Anglais de 55,000 hommes pour garder 300 millions d'Indiens.

Des nobles gaulois, les uns disparurent, les autres se grandirent en s'humiliant sous l'appui de Rome; et ceux-ci formèrent l'aristocratie gallo-romaine.

M. Guérard, recherchant ce que la civilisation doit « aux conquérants de l'empire d'Occident, dit qu'on est

8.

bien en peine de trouver quelque bien dont on puisse
leur faire honneur »[1]

Ils y viennent affamés d'exploiter ses richesses.
Ce qu'ils y apportent, comme institution contrastant
le plus vivement avec la civilisation romaine, c'est
leur manière de comprendre la justice. Tandis qu'à
travers les siècles, le droit romain avait dégagé cette
idée que la justice était un bien commun et indivis,
ils en faisaient une propriété de famille qui se vendait et s'achetait d'après un tarif, le wergeld, « l'argent de l'homme. »

La pâture était commune, et la justice privée. Ils
apportèrent aussi la coutume barbare du duel judiciaire et des épreuves.

A l'époque de Constantin, d'après Eumène, la population libre de la Gaule ne devait pas dépasser un
million : tout le reste se composait d'esclaves ou de
colons attachés à la glèbe.

Si les Wisigoths et les Bourguignons partagèrent
les terres et les esclaves, les Francs se déclarèrent serviteurs de l'Empire et fusionnèrent avec l'aristocratie
gallo-romaine.

Au point de vue de la condition des personnes, ils
n'apportèrent point l'innovation du vasselage, du dévouement de l'homme à l'homme, comme on le répète.
C'étaient choses existantes. Le grand propriétaire
gallo-romain était resté à la tête de ses esclaves et de
ses colons, qui deviendront les serfs et les vilains de
la féodalité. Il y avait aussi les vétérans qui avaient
reçu de l'Empire des domaines pour y fonder des familles militaires sous le nom de bénéfices : ces béné-

1. *Polyptyque d'Irminon*, introduction.

fices se développeront, s'étendront ; les rois mérovin-
giens, les empereurs carlovingiens, ne donneront pas
seulement des territoires sous ce nom, mais aussi des
charges et des dignités.

Toute l'organisation du vasselage dérive de ces conditions sociales.

Il y avait des terres libres appelées alleux : dans
cette période troublée du IIIe au Xe siècle, il est impossible à un modeste homme libre de conserver sa propriété,
de la soustraire à l'action des grands propriétaires qui
sont à la fois revêtus de toutes les charges, qui l'imposent comme contribuable, le jugent comme justiciable,
le recrutent comme soldat. Il n'a qu'un moyen de sau-
ver sa propriété, dont la perte le transformerait en serf
ou en colon : c'est la « recommandation », qui le met
sous la tutelle d'un chef militaire quand il lui offre « un
service d'homme libre ». L'édit de Mersen de 847 dit :
« Nous voulons que chaque homme libre de notre
royaume reçoive pour seigneur dans notre royaume
celui qu'il aura choisi, soit nous-même, soit un de nos
fidèles. » Il ne fait que consacrer l'obligation de cette
servitude volontaire.

Charlemagne a développé la vassalité ; il a forcé les
ducs, les grands du pays, les évêques, bon gré, mal gré,
les abbés, à devenir ses vassaux ; mais en même temps,
il a fortifié ses vassaux, qui se sont entourés de vassaux
à leur tour, si bien que, ses héritiers n'étant pas assez
puissants pour satisfaire leurs ambitions, ni assez forts
pour les contenir, ils se mettront en état d'hostilité contre eux et arracheront à leur faiblesse la reconnaissance de leur indépendance. L'édit de Kiersy (877) reconnaît l'hérédité des charges et des dignités.

Les attributions étaient confondues dans les mêmes mains ; les officiers royaux, comtes, marquis, châtelains des châteaux forts du roi, avaient de triples attributions militaires, judiciaires et financières, dont ils devinrent propriétaires et qu'ils attachèrent à leurs immeubles.

CHAPITRE III

Le régime féodal.

I

La féodalité a un caractère commun avec la presque universalité des civilisations : la distinction entre

la noblesse, le clergé et la roture ; et les deux premiers ordres méprisent le dernier.

Les nobles n'ont qu'une seule industrie : la guerre. Pour eux, le droit de guerre privée, c'est la liberté du travail.

On a voulu voir dans le régime féodal une affirmation du droit individuel, alors qu'il en est la négation : car il repose sur l'inféodation de chacun à un plus puissant. Tout homme y aliène sa liberté personnelle aussi bien que sa propriété. Le suzerain est réputé le propriétaire du fief ; le vassal, l'usufrutier ; et en échange, il doit des services militaires et personnels. On a voulu dégager de l'hommage féodal l'affirmation de l'idée de contrat ; il y manque un des termes : c'est la liberté du contractant ; et les vassaux considèrent si bien qu'entre eux et leurs suzerains il n'y a qu'une idée de force, qu'ils n'hésitent pas à s'en affranchir et à guerroyer contre lui quand ils en ont la puissance.

Tous, vilains et serfs, descendants des colons, des lites, des esclaves conditionnés et des esclaves, sont englobés dans ce nom : la roture. Il était une flétrissure, parce qu'il représentait l'idée de travail. Le *ruptuarius*, celui qui brise la terre, est le roturier du moyen âge, le non-noble, l'agent productif du noble, son instrument de production.

Les vieux légistes, si hostiles aux seigneurs, constatent ainsi leurs droits : « Le seigneur enferme ses manants comme sous voûtes et gonds : du ciel à la terre, tout est à lui : forêts chenues, oiseau dans l'air, poisson dans l'eau, bête au buisson, l'onde qui coule, la cloche dont le son au loin roule. » Il y a des castes dans la servitude; elles continuent à coexister pendant tout le moyen âge, même au delà.

Le mot esclave paraît dans les actes publics ou privés jusqu'au XIIIᵉ siècle, mais de plus en plus rarement. Perreciot a trouvé soixante-deux chartes antérieures à l'an 1000 faisant mention d'esclaves, sept seulement dans le XIIᵉ siècle, et une dans le XIIIᵉ.

Dom Lobineau dit qu'en Bretagne, à partir du Xᵉ siècle, il n'est plus parlé d'esclaves, mais que la servitude personnelle des paysans y était aussi dure que l'esclavage.

Cet esclave, dans l'absolue dépendance du maître, devient serf de corps; le progrès, pour lui, c'est qu'il peut se marier, être plus attaché au sol qu'à la personne, n'être vendu qu'avec la terre; mais, à la fin du XIIIᵉ siècle, on constate que les serfs de corps sont entièrement soumis à leur seigneur. Le seigneur pouvait sur eux « mort et vie, les tenir en prison, soit à tort, soit à droit ». Ils étaient hommes de poursuite. « Les serfs du Nivernais, dit Coquille, portent avec eux leur servitude attachée à leurs os, qui ne peut tomber pour secouer. » S'ils quittent la terre de leur seigneur, ils peuvent être réclamés par lui en tous lieux. Ils sont mortaillables et taillables à volonté. Le seigneur leur prend et leur laisse ce qu'il veut. Leur existence ne dépend que de son bon plaisir. Il peut leur arracher jusqu'à leur dernier morceau de pain, et, s'il lui plaît, la vie en même temps.

Les autres serfs de la glèbe, serfs abonnés, sont soumis à des redevances fixes. L'ambition de tous les serfs est d'arriver à cette condition, combien précaire, cependant! Qui fixe la redevance? Le seigneur, qui a tout pouvoir! De qui dépend le respect du contrat? Du seigneur seul, qui a toujours intérêt à le violer.

Qu'importe! il y a un accord, une apparence de droit, une fiction : cette fiction, cette ombre, cette reconnaissance du droit si ténue n'en constitue pas moins un avantage énorme. Le serf la saisit, s'y cramponne et la place devant lui comme une égide, pour conquérir son indépendance.

Les serfs de l'Église et du fisc réalisèrent le plus aisément cette transformation : ce fut une question de bonne administration et d'économie qui fit établir par les grands propriétaires des règles d'administration qui, en donnant de la fixité à leurs rapports avec leurs serfs, transformèrent en redevances déterminées les services arbitraires.

Mais si l'Église régla le servage, elle le consolida; jamais elle n'affranchit un serf; nul ne pouvait aliéner un bien d'Église : si on affranchissait un serf, il fallait le remplacer par un autre. De cette manière l'Église a conservé des serfs jusqu'à la veille de 1789.

Du reste, le seigneur immédiat ne pouvait affranchir un serf sans le consentement de son suzerain, parce que cet affranchissement était considéré comme un « abrégement » du fief.

Ce ne fut qu'au xiiie siècle que les serfs obtinrent d'aller demeurer hors de la juridiction de leur seigneur, moyennant le payement des rentes et des cavages habituels.

Les droits étaient attachés à la terre, et la terre prenait l'homme. En vivant sur une terre servile, un homme libre devenait ou serf de corps, ou, tout au moins, était soumis aux redevances serviles qu'on appelait rotures, mainmorte, vilenage, etc. Il suffisait qu'on s'établît sur une terre de mainmorte pour devenir mainmortable.

Une terre de mainmorte ne changeait pas de caractère, quelle que fût la condition des personnes qui l'occupaient. Elle les absorbait.

La mainmorte représente un progrès. « Les mainmortables sont plus débonnairement traités que les serfs, » dit Beaumanoir : car le seigneur ne peut rien leur demander s'ils ne méfont, hors leurs cens, et leurs rentes, et leurs redevances qu'ils sont accoutumés à payer pour leur servitude.

L'origine de ce mot? D'après une chronique de Flandre, Aldabéron, évêque de Liège, mort en 1142, abolit une coutume d'après laquelle, dans le pays de Liège, on coupait la main droite de chaque paysan décédé et on la présentait au seigneur, en sig e qu'il ne serait plus sujet à servitude. D'après une autre version, à la mort du mainmortable, le seigneur venait prendre ce qui lui convenait dans la maison; s'il n'y avait rien, on lui remettait la main du mort, et il la clouait à la porte de son château, entre les pattes de loup et les ailes d'épervier arborées comme trophées de chasse et bien choisies comme emblèmes. En tous cas, ce terme exprima la mainmise du seigneur sur la propriété du mainmortable. Ce droit a existé dans toute la France et n'a été réellement aboli que dans la nuit du 4 août : l'édit de Louis XVI de 1779 le supprima, pour donner à un grand nombre de ses sujets « la liberté de disposer de leurs biens après eux »; le parlement y ajouta cette restriction : « Sans que les dispositions du présent édit puissent nuire aux droits des seigneurs. »

9

II

La fiscalité féodale présente une complication qui prouve l'ingéniosité rapace des seigneurs, qui essayaient de pousser jusqu'à la limite du possible l'exploitation de tous ceux qui dépendaient d'eux, vassaux et manants.

D'abord les services du vassal noble envers son suzerain : il lui devait le service militaire pendant un temps qui variait de quarante à soixante jours, avec un nombre d'hommes d'armes déterminé par le contrat de concession.

Il devait siéger, quand il en était requis, à la cour de justice de son seigneur.

Il lui devait aide lorsque le seigneur mariait sa fille, armait son fils chevalier, partait pour la terre sainte. Il lui devait, en outre, des aides à époques fixes. Mais tout retombait sur le manant ; le vassal noble ne donnait à son suzerain que ce qu'il prenait à ses vilains. C'était une répercussion qui frappait d'autant plus fort qu'elle se répétait davantage.

On comptait parmi ces droits :

La taille, impôt de capitation ;

Le formariage, que devait payer la femme si elle épousait le serf d'un autre seigneur ;

Le droit de suite, si le serf vivait en dehors du domaine du seigneur ;

Les aides, consistant en argent et surtout en nature : blé, fourrage, fers de cheval, socs de charrue, voitures ;

Le cens, le sur-cens, le menu cens ;

La dîme, qui était la part de Dieu, et le champart, qui était la part du seigneur : il était du quart ou du cinquième de la récolte, selon les localités, et était connu sous quantité de noms divers ;

L'héminage, prélevé en nature par le seigneur sur le blé porté au marché ou mis en dépôt pour sa conservation ;

Le forage, doit prélevé sur le vin mis en vente, surtout en détail ;

L'oubliage, dons obligatoires de pain et autres denrées ;

Le tensement, droit de protection payé au seigneur ;

Les drouilles, petits présents obligatoires dus à diverses époques de l'année ;

Le droit d'aubaine : tout étranger qui passait un an et un jour sur les terres d'un baron devenait son homme ; et s'il mourait, tous ses biens lui appartenaient ;

Le carnatage, droit sur les bêtes tuées ;

Le chevrotage, droit sur les chèvres ;

La brenie, obligation de nourrir les chiens du seigneur ;

L'abeillage : le seigneur prenait un certain nombre d'abeilles, une certaine quantité de cire ou de miel, sur les ruches ; les seigneurs hauts justiciers pouvaient s'emparer des abeilles éparses.

Le droit de crédit : le seigneur peut prendre à crédit chez les marchands les objets qui lui conviennent ; la durée du crédit est illimitée.

Le droit de gîte : « Si monseigneur veut venir avec ses amis, dit une coutume, les voisins devront lui donner les bêtes qui volent et nagent, bêtes sauvages et privées, et on le traitera bien. On donnera au mulet de l'orge d'été, au faucon une poule, et au chien de chasse un pain ; aux lévriers aussi on donnera du pain en suffisance, lorsqu'on l'emporte de table ; foin et avoine aux chevaux ; »

Le droit de chasse, comprenant les droits de garenne et de colombier, qui ont laissé un tel souvenir dans l'imagination populaire, que la légende a condamné le roi Artus à une chasse perpétuelle pour prendre une mouche tous les cent ans ;

Le droit d'épave, qui se subdivisait en droit de trésor, accordant au seigneur la propriété de toute matière métallique trouvée dans ses domaines, et droit de bris, lui livrant les débris, hommes et choses, de tout naufrage ;

Le péage, qui prenait diverses formes, connues sous les noms de droit de barrage, droit de rivière, de tonlieu, de rouage, etc.

Après la récolte du vin, le seigneur publiait son ban : pendant un mois, nul n'avait le droit de vendre d'autre vin que lui. Seul, le seigneur pouvait avoir un verrat, un taureau. Défense d'avoir une meule pour y aiguiser ses outils. Il fallait les apporter à la meule du seigneur. Le seigneur, enfin, élevait un moulin, bâtissait un four, construisait un pressoir. Le manant devait apporter le grain que lui avait laissé la dîme et le champart, au moulin ; et quand l'homme du seigneur avait gardé une partie de la farine, il devait porter le reste au four seigneurial, où il devait encore en laisser une partie. Ce n'était pas lui qui fixait la redevance. Le seigneur n'était pas tenu à avoir un moulin ni un four en état. Si le sujet banier ne pouvait avoir de farine ni de pain, il ne recevait pas d'indemnité. L'obligation était unilatérale[1]. De même pour son raisin.

---

1. Voir la discussion du 24 février et suiv. 1790.

Il fallait y aller bon gré, mal gré. On apportait son blé au moulin : c'était dû ; sa farine au four : c'était dû. On n'eût rien dit, on ne se fût pas plaint, on n'eût point murmuré, quoique trouvant la charge bien lourde, le prix bien cher et le dérangement bien grand ; mais ce n'était rien. Au moulin, au four, on se trouvait en face de l'homme du seigneur, maître absolu, qu'on ne pouvait changer et qui pouvait tout sur les malheureux. On allait en tremblant au moulin et au four ; car on pouvait en sortir pour expier sous les verges ou dans la geôle le tort qu'on avait eu de trouver que le meunier et le boulanger féodal avaient la main bien large pour prendre, et bien petite pour rendre. Il fallait retenir sa colère et ses larmes, et supporter en silence toutes les vexations. Le meunier prenait le blé quand il voulait, vous faisait attendre à sa porte le temps qu'il voulait, rendait la farine à son heure, sans réclamation possible. De même pour le boulanger ; et il pouvait brûler sa fournée, sans qu'on pût seulement oser le constater.

Dans tout impôt féodal, il y a ainsi une vexation continue et violente, sans recours possible, qui joint à l'écrasement de la charge un supplice. Il en est de même partout où d'un côté le pouvoir et de l'autre la servitude sont illimités.

Nul acte de manant dans lequel n'intervienne l'action du seigneur : il doit racheter le droit de se marier, en payant le formariage.

Si le serf prenait femme appartenant à un autre seigneur, les deux seigneurs s'en partageaient les produits : tant d'enfants à l'un, tant à l'autre.

Non seulement les enfants, mais la femme même,

au moins dans une partie de la France, appartenait au seigneur ; les seigneurs d'Auvergne la réclamaient : il y a une sentence de la sénéchaussée de Guyenne, du 18 juillet 1302, qui condamne la fille Soscarole, mariée à G. Bécaron, à obéir au seigneur de Blanquefort et à lui céder le droit de prélibation, et ordonne au mari de prêter main-forte au seigneur.

« Cullage, dit le dictionnaire de Trévoux, droit obscène et injuste usurpé (?) par les seigneurs et établi par une bizarre coutume qui leur donnait la première nuit des nouvelles mariées. » On a voulu en vain le contester ; il existait, comme d'autres obligations, bizarres ou obscènes plus ou moins généralisées, telles que de battre l'eau des fossés pour faire taire les grenouilles, de monter à certains jours au château à cloche-pied, de porter des pots pleins d'ordures que les nouveaux mariés cassaient à coups de pierre, etc. A la veille de 1789, Boncerf relevait plus de trois cents redevances diverses inventées par l'imagination féodale.

Il suffisait, pour l'établissement définitif et incontesté d'une redevance, qu'une seule fois il eût pris fantaisie au seigneur de l'exiger. Dès lors, elle devenait perpétuelle et incontestée. C'était l'usage. Nul ne se serait même avisé de réclamer contre elle. Elle avait existé, elle devait donc exister.

Un seigneur d'Ardres avait fait placer dans la cour de son château un ours d'une grandeur extraordinaire. Les habitants, enchantés de le voir, s'engagèrent à donner un pain de chaque cuisson pour sa nourriture. On appela cette redevance la fournée de l'ours : l'ours mourut, la redevance continua.

Tout le droit féodal n'est qu'une prescription, fort

courte, il est vrai. Le vilain, le serf abonné, ne sont
point protégés par le contrat antérieur intervenu entre
le seigneur et lui. Le seigneur est le seul garant du
contrat, par conséquent peut toujours le violer impu-
nément, sans réclamation possible de la part du vilain.

Comme il faut partout une règle, le seigneur en éta-
blissait une fort simple : tout abus commis une fois a
droit d'être répété. Les seigneurs, dans leurs chartes,
retiennent du reste le droit d'abus, de peur de laisser
échapper dans l'avenir un moyen de pressurer le vilain : « Tout ce que j'ai et dois avoir... » disent-ils.

Un baron de Sassenage renonce, « au profit de ses
sujets, à toutes tailles, impôts et autres exactions et
extorsions injustes ». — « Je promets, dit une comtesse
de Champagne dans une convention de l'an 1200, que je
n'extorquerai plus rien par force. » Philippe Ier déclare
au décès de l'évêque de Chartres : « Nous renonçons
également à exercer l'exaction habituelle qui se prend
au décès de l'évêque, soit sur les serviteurs, soit sur
les villageois. »

III

Quelles garanties représentent ces renonciations si
caractéristiques ? Tous serfs et vilains sont soumis à la
juridiction du seigneur, juge et partie dans sa propre
cause.

« Entre le seigneur et le serf, il n'y a d'autre juge,
fors Dieu. »

Beaumanoir dit, aussi bien des serfs abonnés que des
serfs de corps : « Le seigneur peut sur eux mort et vie,
les tenir en prison, soit à tort, soit à droit. »

Grégorius disait que les verges étaient pour les serfs une partie essentielle de leur pécule ; d'après un document du XIIᵉ siècle, elles devaient avoir une aune et une palme de long et la grosseur d'une broche à rôtir la viande. Pour les moindres délits, cent, deux cents, trois cents coups de verges.

A l'un on crevait un œil, à l'autre les deux. Les uns avaient le nez coupé, les autres les oreilles, les mains ; on imprimait sur le front de certains des stigmates au fer rouge [1].

Ceux qui recélaient les serfs fugitifs, leur indiquaient le chemin, les aidaient à passer une rivière, devaient payer leur valeur au double ou au triple à leurs maîtres, et, s'ils étaient serfs eux-mêmes, ils pouvaient être frappés de verges et subir l'amputation de la main.

Les fourches patibulaires étaient le symbole de la justice du seigneur : c'étaient elles qui révélaient le degré de sa justice : elles n'avaient qu'un pilier chez le bas justicier ; elles en avaient deux chez le haut justicier simple, trois chez le châtelain, quatre chez les barons, comtes ou vicomtes, six chez quelques grands seigneurs. La grandeur de l'homme, au moyen âge, se mesurait à la grandeur de sa potence.

Il ne faut pas être bien puissant pour avoir le droit de pendre un manant : le seigneur moyen justicier le peut sans difficulté ; il a dans sa geôle des fers, ceps, grillons et autres instruments de torture, dont il peut user à son gré.

---

1. Nous savons, du reste, que, dans des civilisations analogues, ces mœurs se sont perpétuées, et des voyageurs de l'Afrique centrale nous ont raconté avoir été reçus au milieu de foules de mutilés.

« Sitôt qu'un seigneur vient nouvellement en terre, disent les vieilles coutumes, il a justice moyenne, haute ou basse, pourvu que le territoire ait la qualité de terre noble. »

IV

Si le manant avait tout à craindre de son seigneur, il avait encore plus à craindre des seigneurs voisins, qui, à tout instant, mus par la rapacité, la haine, l'envie ou la vengeance, faisaient irruption les uns chez les autres, s'abattaient sur les récoltes et les troupeaux, enlevaient hommes et choses. C'était un échange continu de bons procédés de ce genre. Un rien suffisait, la première occasion venue. On partait innocemment pour aller « voler » le héron ; on s'en revenait après avoir volé le manant : telle est l'origine du mot voleur.

Les apologistes du passé peuvent dire que les plaintes des chroniqueurs, que les accusations portées contre les seigneurs par Jacques de Vitry, évêque, cardinal et légat du pape en France ; par Guillaume, archevêque de Tyr ; par les légistes, sont aussi exagérées que celles qui sont portées contre « la société capitaliste » par M. Paul Lafargue et ses amis ; il y a cependant un certain nombre de différences.

Dans l'organisation reposant sur les principes de 89, l'impôt doit avoir pour but de pourvoir à des dépenses d'intérêt public : dans le système féodal, l'impôt a pour but d'assurer des revenus privés ; dans l'organisation actuelle, le service militaire a pour but la sécurité nationale : dans le régime féodal, il a pour but la guerre privée ; dans l'organisation actuelle, la justice a pour but de garantir le droit de tous : dans le système féodal, elle a pour but d'assurer le seigneur que nul de ses manants ne se dérobera à ses exigences.

Le système féodal est la négation de la liberté personnelle ; car tout homme est lié à un autre homme à perpétuité, et, les siens compris, obligé à des services toujours extensibles. De plus, selon l'expression de Guizot, le régime féodal est basé sur la confusion entre la souveraineté et la propriété ; la condition de la terre y emporte celle de l'homme ; la terre saisit l'homme et peut transformer un homme libre en serf et en mainmortable : le seigneur aussi bien que le serf est l'homme de la glèbe. Comme le progrès s'affirme par la séparation de plus en plus nette entre la personne et la chose, il en résulte que le système féodal représente un arrêt de développement dans l'évolution humaine.

CHAPITRE IV

L'apologie socialiste du régime féodal.

Pourquoi cette apologie? — Idéal iroquois. — Affirmations historiques erronées. — Contradictions. — Le charme des banalités. — Les avantages de la dîme. — Bonheur des serfs et vilains. — Leur diététique. Les famines. — Le bonheur d'être pendu. — « Terre ni achetable ni vendable. » — « Pas de production marchande. » — Les hanses des marchands et les villes marchandes ont sauvé la civilisation. — La plus splendide, Venise, avait échappé au régime féodal.

En lisant la partie de la thèse de M. Lafargue qui concerne le régime féodal, je n'ai cessé de me demander : « Quelle utilité peut-elle avoir au point de vue collectiviste? »

Je vois bien que M. Paul Lafargue vante le bien-être que la propriété collective apporte aux cultivateurs, et affirme que « l'Europe a été défrichée et cultivée non par des moines, mais par des Barbares collectivistes » (ch. I, § III). Et pour nous le prouver, il nous montre, avec sa logique habituelle, les Germains et les Gaulois comme des espèces d'Iroquois se nourrissant de porcs sauvages et de glands (ch. IV, § II). Les Gallo-Romains n'avaient pas attendu les Vandales, les Visigoths, les Burgondes ni les Francs pour cultiver : ces Barbares collectivistes, d'après M. Lafargue, avaient la justice

privée et la· guerre privée; et je ne crois pas que ces
deux genres de propriété personnelle aient jamais été
favorables à l'agriculture.

M. Lafargue affirme à diverses reprises que « la propriété féodale prit naissance et grandit dans un milieu
égalitaire, « au milieu de communautés de villages
basés sur la propriété collective » (ch. IV, §§ I et II).

En admettant la vérité de cette assertion, que prouverait-elle? Elle prouverait une fois de plus que la
propriété collective ne peut se conserver et qu'elle
est absorbée tôt ou tard par les plus forts.

Il ajoute que le « seigneur s'affranchit de ses devoirs
en retenant et aggravant les charges (ch. IV, § I). »
Nous n'avons pas vu que le seigneur ait jamais été
beaucoup gêné par ses devoirs envers ses esclaves
devenus serfs, à l'égard de ses colons et de ses vilains.
Ce que nous savons du régime féodal prouve que le
serf était plus écrasé à l'origine qu'à la fin du régime
féodal.

M. Lafargue vante les charmes des banalités, leur
bon marché; il considère que « de telles institutions
étaient des entraves au commerce et à l'exploitation
de la communauté par des particuliers » (ch. V, § IV);
car il suppose qu'il vaut mieux, pour un homme, avoir
affaire à un maître que d'avoir la liberté de s'adresser,
à prix débattu, à des industriels ou à des commerçants
qui, se faisant concurrence entre eux, ne lui imposent
rien et lui demandent la faveur de lui vendre leurs
services ou leurs produits.

M. Lafargue regrette le bon temps de la corvée et de
la dîme. Il s'imagine que « le cultivateur est obligé de
subir les exigences des possesseurs du numéraire »

(ch. IV, § IV). Où sont ces exigences? Comment se ma-
nifestent-elles? et sous quelle forme le cultivateur les
subit-il? M. Lafargue préférerait le payement en nature. Il existe encore dans certains pays, qui ne passent
pas pour riches ni pour civilisés ; la récolte pourrit sur
place ; le cultivateur doit attendre le prélèvement de la
dîme : et, la dîme prélevée lui faisant concurrence sur
le marché, il ne peut vendre sa part et reste dans la
misère[1].

M. Lafargue regrette le bon temps où le serf rem-
plaçait par la corvée et par le payement en nature les
obligations que le fermier contracte aujourd'hui.

M. Lafargue prétend que « le loyer de la terre que
paye le paysan est autrement lourd que celui que
payait le travailleur au moyen âge » (ch. IV, VII). J'ai
énuméré les droits divers auxquels il était soumis, et
qu'il n'avait pas la liberté de débattre, tandis qu'aujourd'hui nul ne le force à prendre ou à conserver
une terre. Au moyen âge, il y était rivé et ne pouvait
se dérober, non seulement aux charges réelles, mais
aux charges personnelles qui en résultaient.

La misère est la caractéristique de toute la période
qui comprend l'origine et l'épanouissement du régime
féodal : au Xe siècle, dix famines et treize pestes ; et le
XIe siècle s'ouvre par la légende de l'an 1000, qui, en
réalité, l'englobe tout entier.

Les serfs et vilains sont des bêtes de travail, comptés
comme meubles et immeubles, vivant dans des maisons fangeuses et se nourrissant de pain ballé, fait si
grossièrement qu'on y trouvait la balle du grain, et cuit

1. V. DE VOGÜÉ, *Voyage en Thessalie.* — V. infrà, p. 157.

pour si longtemps qu'on était obligé de le casser avec un marteau. Voilà « le certain bien-être que les paysans ne devaient plus connaître du jour que la propriété privée bourgeoise remplacerait la propriété féodale » (ch. II, § vi).

M. Lafargue constate lui-même que le seigneur cherchait à augmenter les obligations de ses manants et que ceux-ci, au xie siècle, comme plus tard, ne cessaient d'échapper aux servitudes féodales (ch. IV, § v).

Cependant je persiste, pour mon compte, à ne pas regretter le bon temps où M. Lafargue et moi nous eussions vu souvent un de nos parents ou voisins accroché aux fourches patibulaires de notre seigneur, en sachant que nous pouvions, du jour au lendemain, subir le même sort, « à tort ou à droit ». Le régime féodal pouvait être agréable pour celui qui avait le droit de pendre, mais devait être fort désagréable pour celui qui, à tout moment, risquait d'être pendu : et l'éternel pendu qui grimace dans les fabliaux me paraît manquer de gaieté.

M. Lafargue n'en regrette pas moins ce bon vieux temps, « parce que la terre n'est pas achetable ni vendable » (ch. IV, § i). C'est vrai, mais elle est à prendre par le plus fort, qui n'y manque pas. M. Lafargue aime-t-il mieux ce mode d'acquisition ?

Il le regrette encore « parce que l'économie féodale ne connaît pas la production marchande ni la circulation des marchandises qui sont les caractéristiques de l'économie bourgeoise ». Nous reconnaissons que le système féodal ne favorisait pas la circulation des personnes et des marchandises ; que les serfs, astreints au travail servile, n'étaient pas « de bons agents de la

production marchande » : mais j'aurais préféré, plutôt
que d'être serf ou vilain attaché à la glèbe, faire partie
d'une de ces hanses de marchands partout instituées
pour protéger et défendre le commerce contre l'oppression des seigneurs, comme « la hanse de la marchan-
dise de l'eau » de Paris. Je persiste à considérer que
les villes qui ont pu échapper tant bien que mal « à
l'économie féodale », Marseille, Montpellier, Narbonne,
Agde, Arles, Nîmes, Lyon ; les quatre-vingt-cinq villes
de la Ligue hanséatique, fondée au XIIe siècle, qui ré-
véla l'Angleterre industrielle et commerciale à elle-
même et fonda la puissance des Pays-Bas ; Gênes, Pise,
Florence, ont sauvé à la fois l'industrie, le commerce
et la liberté, et ont rendu à la civilisation un autre
service que les seigneurs enfermés dans leur donjon
comme dans un repaire, occupés à pressurer leurs
manants, à piller les marchands et à se voler réciproquement leurs fiefs. Si Venise devient la ville la plus
puissante et la plus splendide du moyen âge, c'est parce
que, réfugiée dans ses lagunes, elle n'a pas subi le régime féodal.

LIVRE TROISIÈME

LA PROPRIÉTÉ ET LA RÉVOLUTION DE 89

CHAPITRE PREMIER

La nuit du 4 août.

La rancune d'un émigré. — M. Lafargue, les nobles et les prélats
de la nuit du 4 août. — Le sang-froid d'un économiste. — Distinction entre les droits féodaux à abolir et les droits à racheter. — Le décret du 15 mars 1790. — Distinction entre la féodalité dominante et la féodalité contractante.

Comme si M. Paul Lafargue descendait d'un noble
émigré dépouillé de ses titres et de ses droits féodaux,
il a une rancune aussi implacable que personnelle contre la Révolution française. Il ne pardonne pas au
vicomte de Noailles, au duc d'Aiguillon, à M. de Ke-
rengal, au vicomte de Beauharnais, d'avoir, dans la nuit
du 4 août, proposé que tous les citoyens fussent admis-
sibles à tous les emplois ecclésiastiques, civils et militaires; que les peines fussent égales pour tous; que tous
fussent tenus de contribuer aux charges publiques dans
la proportion de leurs revenus; que tous les droits
féodaux fussent rachetables; que les corvées seigneu-

riales, les mainmortes et autres servitudes personnelles fussent détruites sans rachat ; à l'évêque de Nancy, de s'être associé à ces demandes ; à l'évêque de Chartres, d'avoir proposé la suppression du droit de chasse ; au duc du Châtelet, d'avoir demandé la substitution des taxes en argent à la dîme et au champart ; à d'autres, la suppression du colombier seigneurial ; à l'archevêque d'Aix, d'avoir déclaré annulée d'avance toute clause susceptible de faire revivre les droits féodaux. Dans sa haine du bourgeois, M. Paul Lafargue oublie que ce furent des nobles et des prélats qui firent ces propositions. Il n'y eut qu'un économiste, Dupont de Nemours, qui garda son sang-froid au milieu de ce délire de sacrifices. Il rappela « que tout citoyen est obligé d'obéir aux lois, en respectant la liberté, la sûreté et la propriété des autres citoyens ; que les tribunaux doivent agir sans cesse pour l'exécution des lois ; que les milices bourgeoises et tous corps militaires doivent prêter main-forte pour le rétablissement de l'ordre et de la paix », indiquant ainsi que les nobles et les prêtres, qui croyaient supprimer les violences et les troubles en immolant leurs privilèges les plus haïs, se faisaient une illusion dangereuse pour tous : car c'était une concession aux jacqueries. Ces privilégiés, par une manœuvre que nous voyons recommencer actuellement par certains propriétaires et industriels, essayaient de jeter du lest, de faire la part du feu, en tâchant d'établir un départ entre certains droits féodaux, comme la justice seigneuriale, la mainmorte réelle ou personnelle, qui seraient abolis sans indemnité, et les autres, rachetables d'après un prix et un mode fixés par l'Assemblée nationale. Merlin, dans son rapport du 8 février 1790, se conformant au dé-

cret du 11 août, essaya d'établir cette distinction, qui,
modifiée dans les détails, se trouve maintenue dans le
décret du 15 mars. Le titre III déclare simplement rachetables et devant être payés jusqu'au rachat effectué,
tous les droits et devoirs féodaux qui sont présumés
être le prix et la condition d'une concession primitive
de fonds : cens, censives, rentes féodales ou emphytéo-
tiques, champart, etc.; tous les droits casuels, quint,
requint, lods et ventes, etc., dus à cause des mutations survenues dans la propriété ou la possession d'un
fonds ; les droits d'anapte et autres semblables, dus
tant à la mutation des ci-devant seigneurs qu'à celle
des propriétaires et possesseurs [1].

Quel est donc le propriétaire ou le paysan qui, aujour-
d'hui, assimilerait ces droits aux contrats de fermage
et de métayage librement consentis, comme essaye de
le faire M. Lafargue à la suite de certains publicistes
démodés, apologistes du bon vieux temps? A plus forte
raison ne peut-on établir entre les obligations actuelles
des tenanciers aucune corrélation avec les droits féodaux
abolis sans indemnité, et dont voici les principaux, énu-
mérés dans le décret du 15 mars 1790: « La mainmorte personnelle, réelle ou mixte ; la servitude personnelle, celle de corps et de poursuite ; les droits de
taille personnelle, de corvées personnelles, d'échute,
de videmain ; le droit prohibitif des aliénations et dispositions à titre de vente, donations entre vifs ou testamentaires, et tous les autres effets de la mainmorte
réelle personnelle ou mixte qui s'étendait sur les personnes ou sur les biens. — La taille à volonté, les aides

1. Le décret du 3-9 mai essaya de régler les modes de rachat de
ces divers droits.

seigneuriales prélevées aux quatre cas (pour la réception du seigneur au rang de chevalier, le mariage de sa fille aînée, le voyage d'outre-mer, la rançon du seigneur fait prisonnier ; ces derniers cas ayant été remplacés par d'autres) ; — les droits de feu, de cheminée, de fouage, de monéage, droits pécuniaires établis par feux, et établis par l'usage sur les personnes ou les bestiaux à cause de la résidence ; — les droits de pulvérage, levés sur les troupeaux passant dans les chemins publics des seigneurs ; les droits de banvin, étanche, etc., qui emportaient pour un seigneur la faculté de vendre seul et exclusivement aux habitants de sa seigneurie, pendant un certain temps de l'année, ses vins et autres boissons et denrées quelconques ; les droits connus sous les noms de cens en commande, gave, avouerie, etc., payés pour prix de la protection des seigneurs ; les droits sur les achats, ventes, importations et exportations de biens meubles, de denrées et de marchandises ; — les droits de dîme sur les comestibles ; — les droits de leyde sur les poissons, de bouteillage, de wingeld et autres sur les boissons, etc. ; — les droits de péage, passage, tonlieu, etc. ; — les droits d'étalonnage, de minage, de bichenage, perçus sous prétexte de poids et mesures ; — les droits connus sous le nom de coutume, hallage, havage, cohue, perçus en nature ou en argent dans les foires, marchés, places ou halles ; — tous droits perçus sous prétexte de permissions données par les seigneurs pour exercer des professions, arts ou commerces ou pour des actes qui, par le droit naturel, sont libres à tout le monde ; — tous les droits de banalité de fours, moulins, pressoirs, boucheries, taureaux, verrats, forges et autres, ainsi que les droits de verte-moute et de vent, sauf les banalités qui seront prouvées avoir été établies par une convention par laquelle le seigneur aura fait à la communauté quelque avantage; — toutes les corvées, à la seule exception des réelles, et ne seront réputées comme réelles que celles qui seront prouvées être dues pour prix de la concession de la propriété d'un fonds ou d'un droit réel. »

J'ai énuméré les principaux droits féodaux abolis ou déclarés rachetables par le décret du 15 mai 1790, pour que la multiplicité et l'enchevêtrement de leur dénomination donnent bien l'impression du réseau de taxes, d'obligations personnelles et réelles, au milieu desquelles devait se débattre le malheureux roturier, même s'il s'était élevé de la position de mainmortable jusqu'à celle de métayer, fermier ou propriétaire.

CHAPITRE II

Regrets sur le bon vieux temps.

Le bon vieux temps, selon M. Lafargue. — Avis des contemporains. — La misère. — « Spoliation des droits des paysans. » — Desquels ? — Les communautés. — Se suffire à soi-même. — L'article 815 du code civil.

M. Paul Lafargue n'en regrette pas moins le bon temps de misère qui ravagea la France pendant le xviiᵉ et le xviiiᵉ siècle, et dont il peut voir le tableau en raccourci dans cet ouvrage qui n'est pas suspect de sympathie pour la Révolution : le tome Iᵉʳ des *Origines de la France contemporaine* de Taine[1]. C'est un des pères de l'économie politique, paysan d'origine, Quesnay, qui s'écrie : « Pauvres paysans ! pauvre royaume ! » Il estime que le quart du sol est absolument en friche. En Touraine, en Poitou, dans le Berry, on trouve des landes et des bruyères de trente mille arpents. Arthur Young, fermier anglais qui ne parcourt la France que pour s'enquérir de son état agricole, en 1789, estime que « l'agriculture en est encore au xᵉ siècle ». Il juge que l'acre anglais (33 ares) produit vingt-huit boisseaux de grain, et l'acre français dix-huit. Le pain de froment

1. Livre V, chap. i, p. 429.

coûte trois ou quatre sous la livre; le salaire est de dix-neuf sous. C'est la misère permanente, la disette continue, la famine mortelle au moindre accident. Le blé est un aliment de luxe. On mange des châtaignes, de l'orge, du seigle, de l'avoine. Point de viande. De temps en temps, on tue un des porcs qu'Young appelle « géométriques », tant ils ont d'angles saillants.

Arthur Young estime qu'entre l'ouvrier rural anglais et l'ouvrier rural français, il y a une différence de 76 0/0 au détriment de ce dernier. M. Lafargue se lamente, non sur le sort du paysan français avant 89, mais sur son sort après : car « la Révolution, que les historiens bourgeois représentent comme faite au profit des paysans, a désorganisé leurs communautés et les a spoliés de leurs droits » (ch. III). Quels droits? les droits féodaux qu'ils payaient aux seigneurs? Jacques Bonhomme ne paraissait pas y tenir; et j'engage fort M. Lafargue à lui proposer d'en reprendre le fardeau. C'est très facile de dire aux paysans qu'ils étaient plus heureux sous le régime féodal que sous le régime de la propriété bourgeoise; mais il faut préciser, montrer à quelles charges ils étaient soumis, et de quelles charges la Révolution les a libérés. Du reste, avec sa logique habituelle, M. Lafargue prétend que les seigneurs « imposaient les organisations communistes aux paysans »; et après avoir gémi sur la disparition des communautés de village, il ajoute dans le même paragraphe qu' « on peut prouver que la vraie base du despotisme est précisément la propriété collective et l'organisation familiale et communale qui y correspond (chap. III, § III) » : d'où il conclut que la Révolution, en affranchissant l'homme en même temps qu'elle affranchissait la terre, a fait œuvre néfaste et mauvaise. Toujours avec la même logique, il affirme que les communautés, groupant ensemble trois ou quatre jeunes mariés, livrant au despotisme du chef de la famille tous ses membres, « réussissaient à créer le bien-être du paysan autrement heureux et indépendant que les cultivateurs, pour qui la Révolution de 89 a été faite, au dire des historiens et des politiciens bourgeois ». Ces communautés « produisaient dans leur sein tout ce dont elles avaient besoin pour la vie matérielle et intellectuelle de leurs membres ». Il a soin d'ajouter qu'elles n'avaient pas recours au commerce. Il est vrai que « le travail se fait avec une certaine lenteur dans les villages » (ch. III, § VII), et M. Lafargue paraît considérer comme l'idéal pour un groupe de « se suffire à soi-même » en dehors de tout échange. C'est de l'onanisme économique. Hélas! il y a trop de groupes encore dans le monde qui sont réduits à cette nécessité, parce qu'ils n'ont pas de pouvoir d'achat, parce qu'ils n'ont pas de produits à échanger contre ceux qui leur manquent : et de tous les groupes humains, ceux qui sont condamnés à vivre sur eux-mêmes et d'eux-mêmes, au pied de la lettre, ce sont les plus pauvres et les plus misérables. Les Fuégiens sont bien obligés de se suffire à eux-mêmes. Qu'il le veuille ou non, M. Lafargue nous ramène toujours au cap Horn.

Que M. Lafargue aille donc aujourd'hui dans les cantons les plus riches de France, partout, excepté dans quelques communes de l'Aveyron, dans quelques villages basques, partout il apprendra que de tous les articles du code, celui que connaît le mieux le paysan français est l'article 815 : « Nul ne peut être contraint à demeurer dans l'indivision. »

CHAPITRE III

La liberté et l'égalité de la terre.

Contradiction. — Petite propriété avant 1789. — Caractère de l'utilité de la Révolution française. — Le poids des charges fiscales et féodales. — La dîme. — La situation du roturier. — La haine du régime féodal. — La Révolution a établi l'égalité et la liberté de la terre. — L'article Ier du code rural de 1791. — Aveux de M. Lafargue.

En même temps que M. Lafargue vante ces communautés, il cite, comme faisant foi, l'opinion d'Arthur Young, que « les petites terres exploitées par leurs propriétaires forment le tiers du royaume »; exagération qui prouve que si la Révolution a aidé à la constitution de la petite propriété, loin de contrarier les vœux de la majorité des paysans, elle y a répondu.

Le paysan français y aspirait si vivement qu'Arthur Young reproche au bas Breton de s'appauvrir par suite de la division des fermes entre tous les enfants[1]; de même en Lorraine, en Champagne. La phrase suivante s'applique à l'ensemble de la France : « J'ai vu plus d'une fois les partages en arriver à ce point qu'un arbre fruitier avec dix perches de terrain constituait une

---

1. ARTHUR YOUNG, t. II, chap. XI, *des Tenanciers et de l'Étendue des fermes en France.*

10

ferme dont la possession enchaînait au sol une famille. »
Partout il se plaint « de la division de la terre ».

Quand M. Paul Lafargue, retournant alors son ar-
gumentation, invoque cet état de choses pour dire que
la Révolution n'a pas servi à la constitution de la propriété paysanne, la réponse éclate : elle a servi à dégager les quinze cent mille mortaillables et mainmortables[1] de l'oppression qui les écrasait ; elle a affranchi
le paysan des charges féodales, onéreuses et vexatoires,
de la dîme et des charges fiscales qu'il était seul à subir.
La noblesse comptait 140,000 membres, soit 25 ou
30,000 familles ; le clergé, 130,000 membres. Ces privilégiés possédaient la moitié du royaume[2], prélevaient
pour eux des droits multiples et laissaient au tiers état
la charge d'acquitter les dépenses faites au nom du roi.

Il payait en 1786, d'après Bailly : au nom du roi,
558 millions de livres ; au compte des provinces, 41 millions et demi ; au compte des particuliers et des communautés, 290 millions de livres[3].

Le propriétaire touche, bon an, mal an, six ou huit
sous par arpent, sur quoi, lorsqu'il est roturier, il doit
encore payer la redevance à son seigneur, mettre pour
la milice à la bourse commune, acheter son sel de devoir, faire sa corvée, et le reste[4].

Quoique le clergé français ne paraisse pas avoir été
rapace dans la perception de la dîme, elle était écra-

1. TAINE, p. 30.
2. TAINE, t. Ier, p. 18.
3. BAILLY, *Histoire financière de la France*. — PAUL BOITEAU, *État
de la France en 1789*, p. 405. — RENÉ STOURM, *les Finances de
l'ancien régime et de la Révolution*.
4. TAINE, p. 458.

sante, comme le prouve le calcul cité par Mirabeau dans
la séance du 10 août.

Étant donné le produit d'une terre quelconque, gerbes 12

Les frais de culture, semences, entretien etc.,
en emportent la moitié.......................... 6

Les droits du roi sont évalués à un hui-
tième de la récolte, à.......................... 1 1/2

Droit du roi de nouveau pour l'année de jachère 1 1/2

Reste au cultivateur........................... 3

Dont il donne au décimateur............... 1

Il lui reste les 2/3 de son produit net...... 2

Cet impôt prélève donc le tiers du produit net : il
faut ajouter que le décimateur enlève sa part de paille,
et par conséquent une part d'engrais ; qu'il prélève sa
part sur les vins, les chanvres, les fruits, les olives, les
agneaux, souvent les foins, etc.

Taine résume ainsi l'impression d'un roturier de ce
bon temps : « Je suis misérable parce qu'on me prend
trop. Non seulement les privilégiés me font payer à
leur place, mais encore ils prélèvent sur moi leurs
droits ecclésiastiques et féodaux. Quand sur mon revenu
de 100 francs j'ai donné 53 francs au collecteur, il faut
encore que j'en donne plus de 14 au seigneur et plus
de 14 pour la dîme, et sur les 18 ou 19 francs qui me
restent, je dois en outre satisfaire le rat de cave et le ga-
belou[1]. »

1. P. 484.

Arthur Young, cet Anglais qui n'est qu'un fermier, n'a pas de haine pour le propriétaire, mais a en horreur les exemptions de taxes des nobles et du clergé, une mauvaise assiette des impôts frappant toute manifestation d'activité et de bien-être des paysans, « les droits féodaux aussi odieux qu'écrasants qui empêchent le capital de s'engager dans un sol exposé à la rapacité des harpies seigneuriales et royales ».

Si M. Paul Lafargue ose aujourd'hui en faire l'apologie, c'est qu'elles ont été si bien détruites, que leur souvenir en a disparu. Mais il suffit de consulter les auteurs contemporains pour avoir la conviction que Michelet n'a pas exagéré en disant : « Nulle forme de société n'a laissé plus de haine que le monde féodal, plus de rancune dans le peuple. »

C'est parce qu'elle l'a détruit que la Révolution est apparue si grande non seulement en France, mais dans toute l'Europe, mais dans l'Amérique du Sud; les peuples n'ont point attendu « les historiens bourgeois » pour lui témoigner leur enthousiasme et leur admiration ; et elle restera grande, parce qu'en même temps que la liberté et l'égalité des hommes, elle proclamait la liberté et l'égalité des propriétés.

Elle fait perdre à la terre « la valeur morale » qui, à la grande satisfaction de M. Lafargue, tantôt donnait le pouvoir, tantôt infligeait la servitude à son possesseur.

Elle a libéré la terre, en déclarant rachetables les droits fonciers, les rentes perpétuelles qui la grevaient. Elle ne faisait qu'étendre aux biens ruraux ce que les ordonnances de Charles VII, François Ier et Henri II avaient accompli d'abord pour les maisons situées à

Paris, et ensuite pour celles de toutes les villes du royaume[1]. Elle abolit les divers droits de retrait féodal et censuel, de bourgeoisie et d'habitation, de société ou communion, en vertu desquels les seigneurs anéantissaient, par leur pouvoir absolu, les ventes d'héritages nobles et roturiers faites par les vassaux et censitaires de leurs domaines ; les habitants de certaines communes, les propriétaires indivis d'une terre, se faisaient subroger dans l'achat fait par un étranger. Elle abolit même le retrait lignager, qui s'exerçait pour conserver les biens dans la famille du vendeur.

Dans l'article 1er du code rural du 28 septembre 1791, l'Assemblée nationale résuma ainsi l'idéal qu'elle avait poursuivi :

Le territoire de France, dans toute son étendue, est libre comme les personnes qui l'habitent ; ainsi toute propriété territoriale ne peut être sujette envers les particuliers qu'aux redevances et aux charges dont la convention n'est pas défendue par la loi, et envers la nation, qu'aux contributions publiques établies par le corps législatif, et au sacrifice que peut exiger le bien général, sous la condition d'une juste et préalable indemnité.

Les propriétaires sont libres de varier à leur gré la culture et l'exploitation de leurs terres, de conserver à leur gré leurs récoltes, et de disposer de toutes les productions de leurs propriétés dans l'intérieur du royaume et au dehors, sans préjudice du droit d'autrui et en se conformant aux lois.

Ce seul service d'avoir libéré la terre suffit pour justifier l'œuvre de la Révolution contre les bizarres et incohérentes récriminations du féodal M. Lafargue.

1. Laferrière, *Histoire du droit français*, t. II, p. 116.

10.

Je dis « incohérentes » : car lui-même s'aperçoit, tant l'évidence s'impose à lui, que cette liberté du sol, établie par la Révolution, permet à « l'agriculture, stationnaire depuis le x⁰ siècle » (ch. V, § III), de se développer; que l'abrogation des dispositions du vieux droit coutumier, qui défendait aux propriétaires de clore les champs après la moisson et, par conséquent, leur interdisait tout changement de culture, toute nouvelle plantation, eut pour conséquence la disparition des disettes (ch. V, § III) ; et la propriété bourgeoise, qui n'a pas été fondée, comme nous l'avons vu, par la Révolution, mais qui a été affranchie par elle, n'aurait-elle eu que le mérite d'empêcher la famine de faucher des populations, que nous avons le droit de demander pour elle des circonstances atténuantes, même à M. Lafargue.

CHAPITRE IV

Caractère anticommuniste de la Révolution française.

La Révolution et la propriété individuelle. — L'Assemblée nationale, l'Assemblée législative et la Convention prouvent qu'elles
en ont le préjugé. — Les domaines de la couronne et les biens
du clergé. — Mobilisation de la propriété. — C'est le droit féodal qui est appliqué aux biens des émigrés. — La loi agraire.
— Peine de mort. — On demande le partage, jamais le communisme. — Affirmation de la constitution de 1793 et de la constitution de l'an III. — L'expropriation pour cause « de nécessité
publique ». — La conspiration des Égaux. — Le programme de
Babeuf. — Différence entre la loi agraire et le communisme.
— Bonheur promis. — « Extermination des opposants. » —
Querelle personnelle entre M. Lafargue et la Révolution. —
Le respect de la dette publique. — « Flambez, finances! »

Mais M. Paul Lafargue, qui devrait avoir quelque in-
dulgence pour la Révolution, en faveur de la Terreur,
qui fit une hécatombe de bourgeois bien plus grande
encore que de nobles, ne saurait lui pardonner d'avoir
conservé, même dans sa période d'aberrations les plus
effroyables, le préjugé de la propriété individuelle.

L'Assemblée nationale l'affirma dans la distinction
qu'elle essaya de faire entre les droits purement féodaux et les droits fonciers qui pourraient être le résultat de conventions et représentaient le payement de

l'occupation de la terre : car si le décret du 15 mars supprimait les premiers, il faisait racheter les seconds.

L'Assemblée législative, revenant sur le décret du 15 mars 1790, abolit, par le décret du 25 août 1792, sans indemnité, tous les droits que l'Assemblée nationale avait soumis au rachat ; déclare non avenus « tous les effets qui peuvent avoir été produits par la maxime : « Nulle terre sans seigneur » ; déclare « toute propriété foncière franche et libre de tous droits ». Toutefois, elle fait une exception pour les droits qui auraient eu pour base une concession primitive de fonds. Cette distinction ne disparaît que dans le décret du 17 juillet 1793, décret appartenant à la période furieuse de la Révolution, qui ordonnait de brûler, le 10 août, « en présence du conseil général de la commune et de tous les citoyens, tous les titres constitutifs ou récognitifs de droits supprimés ».

Pour liquider la banqueroute que la monarchie avait faite à la France, pour soutenir le crédit public, payer les créanciers, l'Assemblée nationale ne s'empara que des domaines de la couronne et des biens du clergé ; et, à coup sûr, on ne peut assimiler ni les uns ni les autres à une propriété privée ; elle fit servir, au contraire, cette masse, évaluée à 2 milliards 450 millions, à constituer des propriétés privées ; elle la divisa et la mobilisa. Elle déclara que les biens ecclésiastiques, aliénés par l'État, étaient soustraits à toute opposition, affranchis de toute hypothèque légale, francs de toutes rentes, redevances ou prestations foncières, de tous les droits féodaux, soit fixes, soit casuels ; de toutes dettes, rentes constituées ou hypothéquées, et même des fondations pieuses qui avaient accompagné les donations primitives. De plus, pour faciliter les reventes, elle accordait des exemptions de contrôle, non seulement aux premières acquisitions, mais à trois degrés d'acquisitions successives, pendant l'espace de quinze ans.

Quand l'Assemblée législative séquestra, par le décret du 9 février 1792, les biens des émigrés, si les émigrés ne rentraient pas dans un délai déterminé, elle ne leur appliqua pas les principes du droit de propriété économique, tel qu'il résulte de l'occupation et de l'achat : elle leur appliqua les principes mêmes du droit féodal. Ils étaient réputés avoir reçu cette terre comme bénéfice militaire, aux charges de l'occuper et de la défendre : en allant porter à l'étranger le secours de leurs armes, ils l'abandonnaient. « Le fisc des anciens rois avait donné ; le fisc de l'Assemblée nationale reprit[1]. » L'État se constitua, par rapport aux biens et aux charges des émigrés, leur représentant : leurs créanciers furent déclarés créanciers de l'État.

La Convention ne pensa pas un seul moment à conserver cette masse de terres, à y organiser des communautés chères à M. Lafargue, à les remettre aux communes pour y faire des essais de communisme. Au contraire. Elle essaya de la diviser jusqu'à l'émiettement : le décret du 14 août 1792 en ordonna la vente par petits lots de 2, 3, 4 arpents.

Quand les meneurs des clubs, mis en appétit, ne trouvèrent pas cette proie suffisante, ils ne demandèrent point la mise en vente de toutes ces terres, ils en demandèrent le partage : et alors la Convention, au moment où elle instituait le Comité du Salut public et la loi des

---

1. LAFERRIÈRE, *Histoire du droit français*, t. II, 217.

suspects, rendait le décret des 18-22 mars 1793, « déclarant la peine de mort contre quiconque provoquera une loi agraire ou toute autre subversive des propriétés territoriales, commerciales et industrielles ».

Non seulement la Convention n'essaya pas de réaliser la *République* de Platon, les utopies de Thomas Morus, de Campanella ou de Mably, mais quand Robespierre, qui, après s'être défendu, en 1792, contre le reproche d'attenter à la propriété, et avoir repoussé la chimère du communisme, proposa, comme article 7 de son projet de Déclaration des Droits de l'homme : « le droit qu'a chaque citoyen de jouir et de disposer de la portion des biens qui lui est garantie par la constitution, » bien qu'il fût au faîte de son influence et soutenu par le club des Jacobins, la Convention n'accepta pas ce texte, trouvant qu'il faisait trop dépendre la propriété d'un acte de l'autorité publique. Elle renouvela les déclarations de l'Assemblée nationale : par l'article 2, elle déclare comme « droits naturels et imprescriptibles, l'égalité, la liberté, la sûreté, la propriété ». Dans l'article 16, elle définit « le droit de propriété celui qui appartient à tout citoyen de jouir et de disposer à son gré de ses revenus, du fruit de son travail et de son industrie » ; et l'article 19 déclare que « nul ne peut être privé de la moindre portion de sa propriété sans son consentement, si ce n'est lorsque la nécessité publique, légalement constatée, l'exige, et sous condition d'une juste et préalable indemnité ».

Ce texte est plus restrictif que celui de la loi de 1841, qui admet l'expropriation, non seulement en cas de « nécessité publique », mais en cas de simple « utilité publique ».

La constitution de l'an III reproduisit le texte des articles 2 et 7 de la constitution de 1793, mais en y ajoutant les mots « les biens », ce qui était fort logique ; et la loi du 27 germinal an IV (16 avril 1796) frappait de la peine de mort « tous ceux qui provoquent le (*sic*) pillage ou le partage des propriétés particulières, sous le nom de loi *agraire*, ou de toute autre manière ». Il fut appliqué à Babeuf et Darthé ; mais il faut dire qu'ils ne s'étaient pas bornés à la théorie. Ils avaient organisé une conspiration qui paraît avoir eu de formidables ramifications : tout leur système social était inspiré par la *République* de Platon, le *Code de la nature* de Morelly[1], les *Recherches philosophiques sur la propriété et le vol*. Après avoir nettement établi la différence qu'il y a entre leur programme et la conception de la loi agraire, leur manifeste, écrit par Sylvain Maréchal, paraphrase, de la manière suivante, la fameuse phrase de Rousseau : « La loi agraire ou partage des campagnes fut le vœu instantané de quelques soldats sans principes, de quelques peuplades mues par leur instinct plutôt que par la raison. Nous tendons à quelque chose de plus sublime et de plus équitable : le bien commun ou la communauté des biens. Plus de propriété individuelle des terres : « La terre n'est à personne. » Nous réclamons, nous voulons la jouissance communale des fruits de la terre. » Ce programme doit convenir à M. Lafargue, ainsi que les dispositions suivantes : « L'administration suprême condamne à des travaux forcés les individus des deux sexes dont l'incivisme, l'oisiveté, le luxe et les dérèglements donnent à la société des

---

1. Il était à cette époque faussement attribué à Diderot.

exemples pernicieux. Leurs biens sont acquis à la communauté nationale. » L'article 12 de l'Acte insurrectionnel portait : « Toute opposition sera vaincue sur-le-champ par la force. Les opposants seront exterminés. » Seulement les « opposants » ne se laissèrent pas faire. On comprend que M. Paul Lafargue ne pardonne pas cette résistance à la Révolution. C'est une querelle personnelle entre lui et elle.

. M. Lafargue a encore quelques autres griefs contre la Révolution. « Les bourgeois de 89 » n'ont-ils pas « déclaré sacro-sainte la dette publique » ? Naïfs, nous faisions honneur à la Révolution d'avoir considéré que l'État devait agir comme un honnête homme à l'égard de ses cocontractants. M. Lafargue propose d'en revenir à la politique financière de Philippe le Bel et considère qu'un des devoirs des socialistes est « de brûler le grand livre de la dette publique, la Bible de la bourgeoisie » (ch. V, § VI); et il aspire au jour où le prolétariat, maître des pouvoirs publics, expropriera les capitalistes industriels, confisquera la banque et les autres institutions de crédit et liquidera la dette publique (ch. V, § VI).

« Flambez, finances ! » répète M. Lafargue après Ferré.

CHAPITRE V

Les biens communaux et la vaine pâture.

Les biens communaux et la vaine pâture. — Nouveau grief de
M. Lafargue. — Toute propriété sans propriétaire trouve un
propriétaire. — Les partageurs de communaux. — En 1789,
les paysans demandent la division et non l'indivision. — Les
lois de la Révolution. — Le partage entre les habitants. —
« Bien collectif, bien maudit. » — La vaine pâture. — Opinion
de Schwerz et de Roscher. — Inconvénients. — Lois du 9 juillet 1889 et du 22 juin 1890. — Les prairies des bords de la
Saône. — Les *allmenden* suisses. — La lande de Baugée. — La
coutume sibérienne.

Toutefois sa manière de traiter les conspirateurs
communistes n'est pas le seul grief de M. Lafargue
contre la Révolution. Il en a encore un autre. M. Lafargue considère les biens communaux comme la survivance du communisme primitif. Au lieu de les développer, de les agrandir, de les entretenir pour préparer
le communisme en retour vers lequel il veut nous
acheminer, la Révolution y porta atteinte. Mais là encore il n'est pas équitable à son égard : car le partage
des communaux avait commencé longtemps avant elle,
d'abord en vertu de ce fait que nous avons vu se produire constamment : c'est que tout bien-fonds sans
propriétaire spécifié pour défendre son droit, devient

toujours la proie du plus fort, du plus audacieux ou du plus malin.

En vertu du principe « nulle terre sans seigneur », les seigneurs n'avaient pas eu de peine à les absorber.

La monarchie essaya de défendre les communaux par l'édit de 1554, les déclarant inaliénables, et par l'édit de 1667, réintégrant les communautés dans leurs droits d'usage et leurs communaux aliénés ou usurpés depuis 1620. Cette inaliénabilité allait jusqu'à l'interdiction de les bailler à ferme ou louage. Deux ans après, l'ordonnance de 1669 donne permission d'en affermer des portions pour payer des travaux utiles.

Mais la vue de ces terrains incultes crevait le cœur des habitants, qui en auraient tiré un si bon parti si on en avait donné des morceaux à chacun d'eux. Ils n'attendirent pas la Révolution pour éprouver ce sentiment, et un édit de 1762 y répond en autorisant la province dite des Trois-Évêchés à partager entre les ménages alors existants, et par portions égales tirées au sort, les communaux, en tout ou en partie[1]. En 1771, 1773, 1777, trois arrêts du conseil donnent la même autorisation aux généralités d'Auch et de Pau ; en 1774, des édits ou des arrêts du conseil l'étendent au duché de Bourgogne, au Mâconnais, à l'Auxerrois, au pays de Gex et de Bugey, à l'Alsace ; en 1777, à la Flandre française ; en 1779, à l'Artois. Ces faits montrent à M. Lafargue que, la Révolution ne se fût-elle pas produite, les communaux étaient voués à la destruction. Quand elle éclata, les paysans, loin de demander à verser leurs biens respectifs dans la communauté, se précipi-

---

1. Ducrocq, *Traité de droit administratif*, nᵒˢ 1144 et suiv.

tèrent, pour s'emparer, par voies de fait, des bois, des pâturages, des marais salants, des terres vaines et vagues.

L'Assemblée nationale, par trois décrets, essaya de les défendre en déclarant qu'elle « n'entendait attribuer sur ces biens aucun nouveau droit aux communautés d'habitants, ni aux particuliers qui les composent ». L'Assemblée législative céda et, par le décret du 14 août 1792, ordonna que tous les terrains et usages communaux seraient partagés, immédiatement après la récolte, entre les citoyens de chaque commune. Le partage était obligatoire. L'Assemblée, loin de faire du communisme, voulait multiplier les propriétés individuelles. La Convention, par son décret du 10 juin 1793, fut moins absolue : elle rendit le partage facultatif, mais en fit l'objet d'une sorte de referendum. Si le tiers des habitants le réclamait, on devait y procéder. La Convention renouvelait l'erreur commise par la monarchie, dans les divers édits que nous avons rappelés ci-dessus, en supposant que ces propriétés indivises devaient être partagées par têtes d'habitants. Elle les répartissait indistinctement entre tous, y compris les valets et les domestiques, et en excluait les propriétaires non domiciliés dans la commune. La loi du 9 ventôse an XII valida tous les partages exécutés en vertu de celle de 1793 et ordonna la remise aux communes des autres biens communaux. A partir de cette loi, les partages des biens communaux ont cessé d'être permis. Les lois du 17 juillet 1837 et du 5 avril 1884 ne parlent que de l'aliénation.

Le grief de M. Lafargue n'est donc pas justifié ; car la Révolution n'a fait que continuer une pratique commencée par la monarchie, et qui, depuis l'an XII, n'est plus suivie. Les légistes considèrent que l'article 815 du Code civil est peu applicable aux biens communaux, parce qu'ils ne sont pas dans l'indivision ; ils appartiennent à un être moral, commune ou section, et par conséquent les habitants n'ont pas le droit d'en demander le partage.

Ils ne peuvent en demander que l'aliénation. Les fonds qui en résultent ne sont pas partagés entre les habitants des communes : ils sont employés à des dégrèvements d'impôts ou à des travaux d'utilité commune. La loi du 19 juin 1857 sur les landes de Gascogne et la loi du 28 juillet 1860 imposent aux communes propriétaires l'obligation de défricher, d'assainir et mettre en valeur leurs terrains et, à leur défaut, de permettre à l'État de le faire, en se remboursant de ses avances au moyen de la vente publique d'une partie des terrains améliorés.

Il reste encore quatre millions et demi d'hectares de propriétés communales. Si M. Paul Lafargue les parcourt, il pourra se convaincre, une fois de plus, de la vérité de ce proverbe allemand : *Gesammt Gut, verdammt Gut* (bien collectif, bien maudit). Là aussi on a, une fois de plus, la vérification de cette loi qu'on ne laisse en commun que ce qui ne vaut pas la peine d'être pris. Il est rare que les biens communaux représentent les bonnes terres d'une commune ; et dans ce dernier cas, ils sont affermés comme des propriétés privées et sont soustraits à la vaine pâture.

Or, ce sont les biens communaux consacrés à la vaine pâture qui ont toutes les sympathies de M. Lafargue ; car il y retrouve un vestige des vieilles civilisations collectivistes et pastorales.

Il regrette la coutume du Berry qui avait pour but d'assurer au bétail une subsistance, telle quelle, sans que les maîtres eussent besoin de se donner aucune peine pour sa nourriture (ch. III).

Cette manière de comprendre la culture confirme complètement l'opinion de Schwerz et de Roscher[1], qui estiment que rien n'entretient plus la paresse, n'entrave plus la culture et n'est plus funeste pour le possesseur même que de grands pâturages communs.

Les communaux des environs de Londres étaient devenus le domaine des bandits, qui infestaient les grandes routes et étendaient leurs exploits jusque dans la Cité.

M. Lafargue s'imagine que la vaine pâture est avantageuse pour les habitants pauvres d'une commune. Quel bénéfice en ont ceux qui n'ont pas de bétail? Quel bénéfice en retirent les ouvriers et les domestiques? Ce sont les capitalistes qui ont des bestiaux qui en ont tout le profit : et le propriétaire aisé qui peut envoyer, aux bonnes époques, ses troupeaux prendre part à la vaine pâture et les en retirer ensuite, pour les réintégrer dans ses prairies particulières, n'en tire-t-il pas plus de bénéfices que le petit fermier ou le petit cultivateur, qui n'a pas d'autres pâturages? Les troupeaux sont souvent obligés d'aller au loin; là où les taureaux sont mêlés aux vaches, les reproducteurs sont souvent trop jeunes; il y a perte d'engrais, souvent perte de lait. Roscher dit qu'en Alsace les cultivateurs renonçaient à la vaine pâture pour garder leur fumier.

La loi du 9 juillet 1889 est le développement logique

1. *Économie rurale*, p. 317.

de la législation de 1790. Elle a déclaré l'abolition du droit de parcours et du droit de vaine pâture. Si la loi du 22 juin 1890 est revenue un peu en deçà, sur la demande de certains conseils généraux qui ont prouvé, une fois de plus, combien les intéressés comprennent souvent mal leurs intérêts, toutefois, elle maintient le principe de la suppression de la vaine pâture et le droit de rachat pour « tout propriétaire dont l'héritage est grevé, soit moyennant une indemnité fixée à dire d'experts, soit par voie de cantonnement ».

Le ministère de l'agriculture n'a pas actuellement[1] des renseignements complets sur l'application de ces lois. Dans certaines localités, la vaine pâture peut être maintenue par suite de préjugés dans le genre de ceux de M. Lafargue. Dans la plupart de cas, elle ne s'applique qu'à des terrains qu'on laisse en commun parce qu'on estime qu'ils ne valent rien. Dans d'autres cas, on garde la vaine pâture parce que les prairies sont engraissées automatiquement, en quelque sorte. Telles sont les prairies du département de l'Ain que la Saône couvre de ses eaux limoneuses. Les propriétaires ne les amendent pas : ils laissent ce soin à la Saône. Ils n'ont pas intérêt à les enclore, car la Saône emporterait leurs clôtures. Ils laissent volontiers les prairies en commun, parce qu'ils n'exercent pas sur le sol cette double action du capital et du travail qui s'appelle la culture.

Dans les *allmenden* suisses, les troupeaux paissent en commun, sous la garde de bergers communs, sur des terrains qui souvent ne valent pas la peine d'être enclos.

---

1. Fin décembre 1894.

Chaque chef de famille a droit à deux ou trois vaches. Quand il peut en envoyer quatre ou cinq, il est considéré comme riche, et il paye alors cinq francs par tête, somme inférieure évidemment à la valeur de sa part d'alimentation.

En Angleterre, on a estimé le produit des pâturages comme ayant quadruplé et quintuplé après le partage, et ce chiffre n'est certainement pas exagéré.

Dans mon enfance et ma jeunesse, je traversais souvent la lande de Baugée, appartenant à la commune de Liffré; on y voyait errer des chevaux décharnés, des troupeaux maigres, brûlés par le soleil en été, glacés par le vent en hiver, essayant de mordre quelques herbes enfouies au milieu de bruyères rampantes et de chétifs ajoncs. Des bandes de pâtours, filles et gars, grelottants ou grillés, selon les saisons, au milieu de leurs bêtes, y prenaient des habitudes de fainéantise et de vagabondage. Maintenant que cette terre communale a été vendue et lotie, quoique de médiocre qualité, à sous-sol imperméable, des maisons, des arbres et des cultures ont remplacé cette solitude de misère.

M. Paul Lafargue la regrette pour le principe et, en attendant le communisme de ses rêves, il souhaiterait que nous adoptions la coutume sibérienne, qui oblige de n'établir le champ de labour qu'à 8, 10, 20 verstes [1] du village, afin de laisser dans l'intervalle le libre parcours au bétail !

Il admire les habitants de Tennie (Sarthe) qui défendent avec une énergie féroce 60 hectares de vaine pâture contre un jugement de 1858 et violent ouverte-

1. La verste est de 1,067 mètres.

ment lois et arrêts en chantant la *Marseillaise* de la vaine pâture :

> Quoi ! l'on veut clore nos prairies
> Pour s'enrichir à nos dépens !
> Quand ils viendront, ils seront sûrs d'être
> De leur honte lavés dans l'eau.
> Ils pourraient trouver leurs tombeaux
> Dans les flots profonds de la Veyre.

En attendant, l'hectare de terre y vaut 1,500 francs, quand dans les communes voisines il en vaut 3,000[1].

1. Ardouin-Dumazet, *Voyage en France,* 2e série, p. 37.

CHAPITRE VI

L'œuvre de la Révolution.

Tous les reproches que M. Paul Lafargue adresse à la Révolution, nous les tenons à titre d'honneur pour elle.

Elle a proclamé l'égalité et la liberté de la terre.

Elle a déclaré rachetables toutes les servitudes perpétuelles.

Elle a posé le principe que nul n'était tenu de rester dans l'indivision.

Elle a émancipé l'homme de la servitude de la glèbe ; elle a déclaré qu'il n'était plus saisi par la terre.

Donnant l'exemple du respect de la propriété, elle a proclamé qu'une nation devait respecter ses engagements : notion morale nouvelle, dans le gouvernement français, qu'il est d'autant plus utile de rappeler en ce moment, que M. Lafargue et ses amis affichent plus de mépris pour elle.

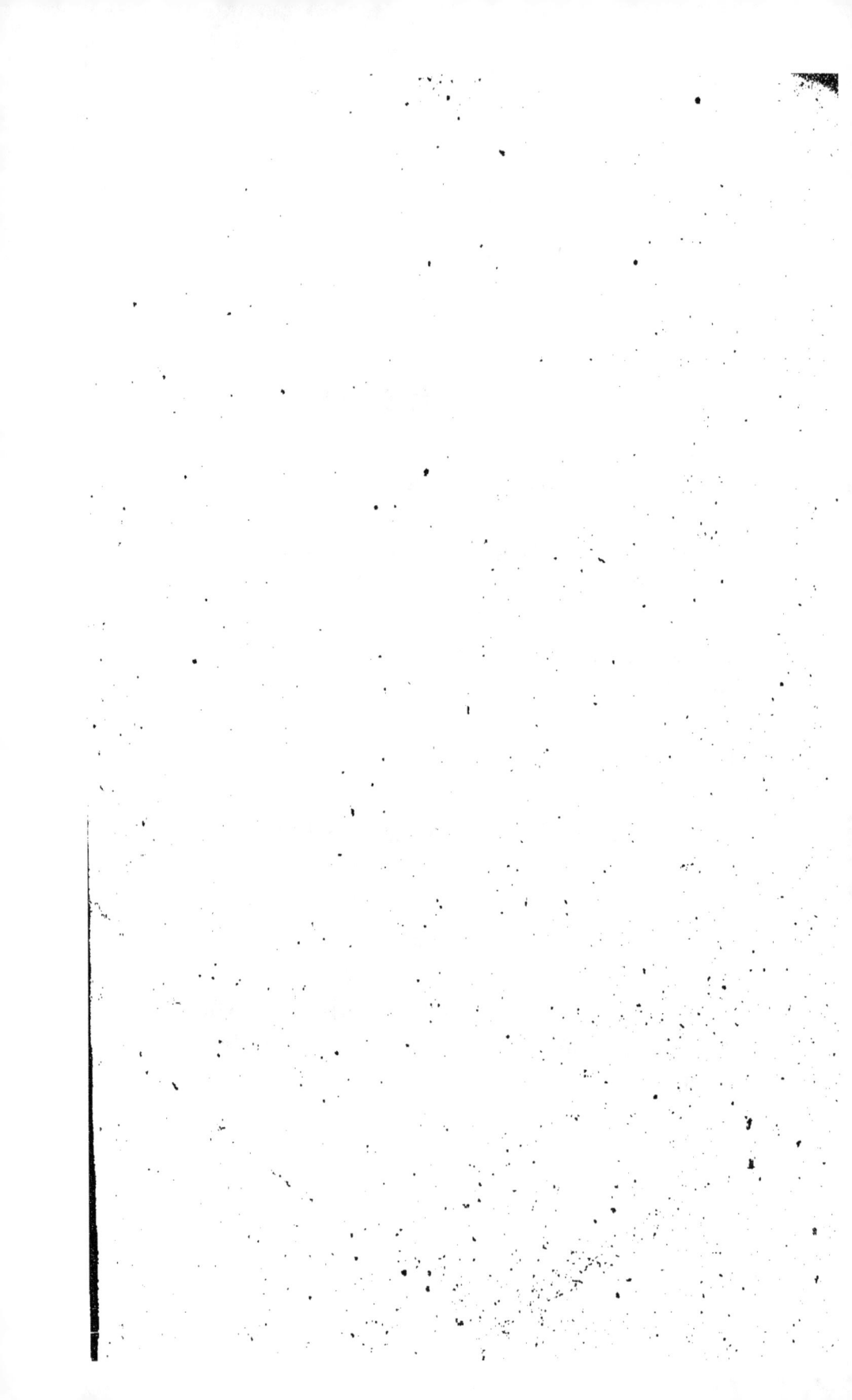

LIVRE QUATRIÈME

LA SITUATION ET L'AVENIR DE LA PROPRIÉTÉ IMMOBILIÈRE

CHAPITRE PREMIER

La répartition de la propriété immobilière en France.

I

CONSÉQUENCES ÉCONOMIQUES DES PRINCIPES DE 89

Quelles ont été les conséquences économiques des principes posés par la Révolution? M. Lafargue déclare

qu'elles ont été déplorables : je soutiens qu'elles ont
été bonnes, et que si elles ne sont pas aussi bonnes
qu'elles devraient l'être, c'est parce qu'ils ne sont pas
encore complètement appliqués. M. Lafargue demande
de revenir en deçà de la Révolution; je demande qu'on
étende l'application logique de ses principes.

Mon opinion aura un préjugé en sa faveur, si les
faits ne corroborent pas les assertions de M. Lafargue.

Il prétend que « la civilisation réduit la grande majorité au minimum d'appropriation personnelle; qu'elle
dépouille la grande majorité de sa maison; que la propriété foncière se centralise par l'expropriation des
petits cultivateurs » (ch. V, § VII).

M. Jaurès s'écriait, dans son discours du 21 novembre 1893, que « la petite propriété était une légende »,
et il donnait, avec l'aplomb de l'ignorance et du mépris
des faits, les chiffres suivants :

« Parmi les 7 millions de travailleurs ruraux qui
sont disséminés sur notre sol, il y en a à peine 1,500,000
ayant leur terre à eux appartenant, et à côté d'eux il y
a 800,000 fermiers pour lesquels vous n'avez rien fait, il
y a 400,000 métayers, 2 millions d'ouvriers de ferme,
2 millions de journaliers. »

Voilà les assertions : voici les faits.

II

LES FAITS[1]

1° Quelle est la part de la grande, de la moyenne et
de la petite propriété en France ? 2° La petite propriété

---

[1]. Les faits contenus dans cette étude ont fait l'objet d'une
communication au National Liberal Club, — Political Economy.

a-telle une tendance à disparaître au profit de la grande ou réciproquement ? 3° Le nombre des propriétaires augmente-t-il ou diminue-t-il en France ? 4° Quelle est la valeur de la propriété ?

Mais tout d'abord nous devons nous demander si les documents que nous ayons à notre disposition nous permettent d'affirmer avec rigueur le nombre exact des propriétaires existant en France et, par conséquent, déterminer leur nombre proportionnel.

III

NOMBRE DES COTES FONCIÈRES ET NOMBRE DES PROPRIÉTAIRES

On lit, dans le *Dictionnaire* de Littré, la définition suivante du mot cote : « Part imposée à chaque contribuable. » Elle n'est pas exacte.

La contribution foncière est un impôt réel. L'instruction de l'Assemblée nationale du 23 novembre 1790 la définissait de la manière suivante : « Elle a pour un de ses principaux caractères d'être absolument indépendante des facultés du propriétaire qui la paye ; elle a sa base sur les propriétés foncières et se répartit à raison du revenu net de ces propriétés. On pourrait donc dire, avec justesse, que c'est la propriété qui, seule, est chargée de la contribution, et que le propriétaire n'est qu'un agent qui l'acquitte pour elle avec une portion des fruits qu'elle lui donne. »

Il résulterait de cette définition du caractère de l'impôt foncier que la part contributive de chaque pro-

Circle, le 4 juillet 1894, sous la présidence du Rt. Hon. James Stansfeld M. P., ancien ministre.

priété, c'est-à-dire sa cote, devrait être inscrite d'après un numéro ou un nom servant à désigner la propriété. Par suite d'une inconséquence, en vertu de l'article 51 de la loi de frimaire an VII, toutes les propriétés qu'un même contribuable possède dans la même commune sont reportées dans un seul et même article, à son nom.

Toutefois, dans un certain nombre de villes, la matrice des propriétés bâties, au lieu d'être rédigée dans l'ordre alphabétique des propriétaires, est établie dans l'ordre topographique des rues. On ouvre alors à la matrice autant d'articles que d'immeubles bâtis, et le propriétaire de plusieurs maisons figure au rôle sous différents articles.

Le nombre total, pour 1893, des cotes foncières est :

Propriétés non bâties......   14.009.779
Propriétés bâties..........   6.556.062

Dans le dernier nombre sont compris 1.362.000 articles concernant 641 matrices (ou états de section) indiqués dans l'ordre topographique et non pas au nom du propriétaire.

De plus, les rôles des contributions sont établis par commune. Il en résulte qu'un propriétaire ayant un demi-hectare dans une commune et un demi-hectare dans une autre commune, a deux cotes ; s'il avait 300 hectares sur la même commune, il n'aurait qu'une cote. Or, en France, sur les 36.144 communes, il y en a 27.759 qui ont moins de mille habitants. Cela indique combien doivent être disséminées les cotes. Il en résulte donc que le nombre des cotes doit être d'autant plus nombreux que les communes sont plus petites.

En un mot, le nombre des cotes foncières n'indique pas le nombre des propriétaires.

Dans 641 matrices cadastrales représentant 1.362.000 articles, il peut y avoir, pour la propriété bâtie, plusieurs cotes situées dans la même commune et cependant ne représentant qu'un seul propriétaire.

Si un seul propriétaire, possédant des propriétés bâties ou non bâties dans diverses communes, est inscrit à autant de cotes qu'il y a de communes, la même cote peut appartenir, par indivision, à différentes personnes, et plusieurs cotes peuvent concerner le même individu.

L'administration des contributions directes a essayé de déterminer le rapport du nombre des propriétaires au nombre des cotes.

Lors de l'enquête de 1851-53 sur les revenus territoriaux de la France, on avait trouvé pour 12.445.614 cotes, 7.845.724 propriétaires, soit 63 0/0.

Le travail le plus complet, sur l'évaluation des propriétés non bâties, fait de 1879 à 1883, sous l'habile direction du directeur des contributions directes, M. Boutin, a établi la répartition suivante :

Nombre des cotes (propriétés non bâties). 14.234.000
Nombre des propriétaires............... 8.454.000

Soit la proportion suivante :

Par 1.000 habitants........... 234
Par 1.000 feux............. 849
Par 1.000 cotes........... 594

En chiffres ronds, on peut donc dire que la proportion du nombre des propriétaires au nombre des cotes pour la propriété non bâtie est de 60 0/0.

Il était important de relever ces différences, parce

que beaucoup de personnes, ne regardant que le nombre des cotes foncières, croient que la France est partagée entre 14 millions de propriétaires.

La contenance moyenne par cote foncière a donné les chiffres suivants :

D'après le cadastre de 1807	......	4 h. 48.
—	1851	3 h. 98.
—	1861	3 h. 75.
—	1871	3 h. 62.
—	1881	3 h. 50.

Les socialistes confondent volontiers la grandeur de la propriété et celle des cotes. Or, si le nombre des propriétaires est de 60 0/0 relativement au chiffre des cotes, il faudrait à peu près la doubler.

IV

RÉPARTITION DE LA PROPRIÉTÉ NON BATIE

Sur les 52.857.000 hectares qui représentent le territoire total de la France, il faut défalquer le domaine public et communal, non imposable, routes, chemins, places publiques, cimetières, bâtiments d'utilité publique, rivières et lacs, et les forêts de l'État qui représentent 998.800 hectares, soit un total de 2.822.000 hectares. Il reste 50.035.000 hectares, dont il faut défalquer environ 200.000 hectares représentant le sol de la propriété bâtie, sur laquelle nous reviendrons, et 105.000 hectares pour les chemins de fer et canaux concédés ; mais l'administration des contributions directes n'a pas fait ce travail, parce qu'elle impose ces propriétés comme terres labourables.

Quelle est la part du territoire qu'occupent les cotes?

Voici la répartition des propriétés par nature de culture :

	Contenance imposable. Hectares.
Terrains de qualité supérieure (vergers, chenevières et jardins)......................	695.929
Terrains labourables et terrains évalués comme les terres (terres labourables, mares, terres plantées, sol des propriétés bâties, pièces d'eau, canaux, pépinières, chemins de fer)....	26.173.657
Prés et herbages (prés, prés plantés, etc.)...	4.998.280
Vignes	2.320.533
Bois (bois, saussaies, etc.)..................	8.397.131
Landes, pâtis ou pâtures ou autres terrains incultes (terres vagues, etc.)...............	6.746.800
Cultures ne rentrant pas dans l'énumération ci-dessus.....................................	702.829
Total	50.035.159

Voici, d'après une enquête faite en 1884, la répartition de la propriété d'après la contenance des cotes (moins Paris — 7.000 hectares — et 364 autres communes, non encore cadastrées, de la Corse, de la Savoie et de la Haute-Savoie, représentant environ 629.000 hect.) :

Catégories de contenances	Nombre de cotes.	
	Nombres absolus.	Parts prop. p. 100.
Très petites cotes (0 à 2 hect.)........	10.426.368	74,09
Petites cotes (2 à 6 hect.)............	2.174.188	15,47
Moyennes cotes (6 à 50 hect.).......	1.351.499	9,58
Grandes cotes (50 à 200 hect.).......	105.070	0,74
Très grandes cotes (plus de 200 hect.).	17.676	0,12
Totaux......	14.074.761	100,00

Les neuf dixièmes des cotes mesurent moins de 6 hectares, les trois quarts moins de 2.

Si on entrait dans le détail, on trouverait deux millions 670.000 cotes représentant 10 ares et au-dessous: 1.444.000 représentant de 10 ares à 20 ares; 2.482.380 représentant de 20 ares à 50 ares; 1.987.480 représentant de 50 ares à un hectare, soit 8.853.000 cotes ou 61,14 0/0 de cotes au-dessous d'un hectare, représentant 61,14 du nombre des cotes.

Catégories de contenances.	Superficies en	
	hectares.	parts prop. p. 100.
Très petites cotes (0 à 2 hect.)......	5.211.456	10,53
Petites cotes (2 à 6 hect.)..........	7.543.347	15,25
Moyennes cotes (6 à 50 hect.)......	19.217.902	38,94
Grandes cotes (50 à 200 hect.)......	9.398.057	19,04
Très grandes cotes (plus de 200 hect.).	8.017.542	16,23
Les cotes au-dessous de 10 ares occupent.................................	108,231	0,22
Les cotes de 10 ares à 20 ares occupent.................................	213.789	0,43
Les cotes de 20 ares à 50 ares occupent.................................	825.784	1,66
Les cotes de 50 ares à 1 hectare occupent.................................	1.426.785	2,88
Totaux........	2.574.588	5,19

De ces nombreuses petites cotes occupant une si petite contenance relative, on se hâte de conclure que la petite propriété n'est que de la poussière de propriété, divisant en cotes nombreuses la moindre partie du sol, tandis que la grande propriété en partage 35 0/0 entre des propriétaires représentant moins de 1 0/0 du nombre des cotes : et alors, après avoir récriminé pendant longtemps contre les dangers du morcellement de la propriété, on en est arrivé à récriminer contre les dangers de la grande propriété.

De cette grande propriété il faudrait déduire :

1° Propriétés départementales et communales;

2° Propriétés soumises en tout ou en partie à la taxe des biens de mainmorte :

Propriétés départementales, hect...............		6.513
Propriétés communales		4.621.450
Hospices........................,.......	190.122	
Fabriques, séminaires, couvents.....	48.271	
Bureaux de bienfaisance et établissements de chants	38.022	
Congrégations religieuses	20.423	381.598
Chemins de fer (pour la part de leur domaine qui leur appartient en propre) et Sociétés diverses...........	84.760	
Total en chiffres ronds, hect...		5.009.000

La répartition ci-dessus porte sur.	49.388.000 hect.
Si nous retranchons...............	5.009.000
Il reste......	44.379.000 hect.

Cette diminution atteint à peu près exclusivement la grande propriété. Or, comme celle-ci

représente ....;	17.400.000 hect.
elle est réduite de................	5.000.000
Il reste......	12.400.000 hect.

La part des cotes indiquant la grande propriété tombe ainsi de 35 0/0 à 28 0/0.

Mais nous avons vu dans le tableau n° 1 que les bois représentaient une surface de   8.397.000 hect.

Les landes et autres terrains incultes.......................   6.746.000

                    Total.......   15.143.000 hect.

Or, si on les déduit de 50 millions d'hectares du territoire imposable, nous arrivons à 35 millions d'hectares.

Si on prend les chiffres des cotes par catégories de contenances, on peut poser en fait que les bois et les landes entrent pour une grande part dans la grande propriété, pour une part plus restreinte dans la moyenne propriété.

Aussi a-t-on proposé, pour avoir la part proportionnelle de la contenance de la petite propriété, de la comparer, non pas aux 49.388.000 hectares du territoire agricole, comme on l'a fait dans le tableau n° 3, mais aux 35 millions d'hectares réellement productifs.

Alors nous aurions les chiffres suivants :

Très petite propriété...... 15 0/0
Petite propriété :.........: 20 0/0

La petite propriété représenterait donc 35 0/0 de la superficie du territoire réellement productif.

De plus, elle représente la part la plus productive.

L'enquête agricole de 1882 compte 5.672.000 exploitations agricoles.

Sur ce chiffre, il n'y a que 142.000 exploitations agricoles au-dessus de 40 hectares; et sur ces exploitations agricoles, 217 seulement représentant plus de

500 hectares; 704 de 400 à 500 hectares; 1.653 de 300 à 400 hectares.

Si on établit la répartition proportionnelle de diverses catégories d'exploitations agricoles par département, on constate que celles qui sont au-dessous de un hectare sont surtout nombreuses autour des grands centres de population, qui provoquent le développement de la culture maraîchère : dans la Seine, on compte 40 exploitations pour 100 hectares de territoire agricole, non compris les bois de l'État; dans le Rhône, l'étendue moyenne des exploitations est de 4 h. 32. Viennent ensuite les départements à sol très riche où la culture maraîchère, les cultures industrielles et la vigne ont pris une grande importance : tels sont le Nord, le Puy-de-Dôme, la Manche, la Charente-Inférieure, la Haute-Garonne, le Gard. Les départements où l'on trouve le moins de petites exploitations sont ceux dans lesquels dominent les landes et les terres maigres, comme les Landes, la région des Alpes, la Corse; et les pays d'élevage comme la Mayenne, le Cantal, la Lozère, l'Eure-et-Loir, Maine-et-Loire, Loire-Inférieure, Haute-Vienne; puis les départements à culture de céréales, groupés dans le Centre et dans l'Ouest.

V

VALEUR DE LA PROPRIÉTÉ NON BATIE

La valeur vénale et le revenu net imposable comparé à la valeur vénale, c'est-à-dire de taux de l'intérêt, donne, en 1879, les résultats suivants :

	Rev. imp. p. hect.	VALEUR VÉNALE		
		Par nat. de culture (millions de francs).	Par hect.	Rev. net. p. 100 f.
1° Terrains qualité supérieure.................	166,06	3.829	5.502	3,02
2° Terres labourables...	56,74	57.514	2.197	2,58
3° Prés.................	96,67	14.799	2.960	32,6
4° Vignes..............	129,95	6.887	2.068	4,38
5° Bois................	22,50	6.256	745	3,02
6° Landes.............	6,12	1.394	206	2,96
7° Cultures ne rentrant pas dans l'énumératiou ci-dessus	42,61	901	1.282	3,32
Totaux......	52,87	91.580	1.830	2,89

Mais chacune de ces catégories de propriétés est divisée en cinq classes, dont la valeur varie pour les terres labourables de 3.412 fr. à 826 fr.; pour les prés, de 4.467 fr. à 1.218 fr., etc.

Pour l'ensemble des cultures, les valeurs vénales les plus élevées (non compris la Seine, dont l'hectare oscille de 2.100 à 19.315 fr.) se rencontrent dans le Nord, les départements normands, Seine-et-Oise, et au Sud-Ouest, dans Tarn-et-Garonne.

Les valeurs les plus faibles se trouvent dans les départements montagneux du Centre, du Sud-Est, des Pyrénées, dans les départements à grands pâturages du Centre, dans les départements de grande propriété.

Il résulte de ces chiffres que la grande propriété privée comprenant surtout des bois, des landes, même si elle possédait tous les bois et toutes les landes, n'aurait de ce chef qu'une valeur de :

6.200 millions pour les premiers,
1.400 millions pour les seconds.

Soit un total de... 7.600 millions sur 91.500 millions : donc 1/13 ou un peu plus de 7 0/0.

Resterait sa part dans les terres labourables; mais étant données les régions où elle est surtout située, on peut affirmer qu'elle représente une valeur inférieure à sa surface proportionnelle.

VI

RÉPARTITION DES PROPRIÉTAIRES ET DES NON-PROPRIÉTAIRES DANS L'EXPLOITATION AGRICOLE

Première question. — Les exploitations agricoles ont-elles une tendance à se concentrer ou à se disperser?

L'enquête agricole de 1882, négligeant les exploitations au-dessous de un hectare, donne le tableau suivant (par milliers) :

	1862 89 dép.	1882 86 dép.	Différence de 1862 à 1882	0/0
Exploitations de 1 à 5 hectares.	1.815	1.865	50	2,79
Exploitations de 5 à 10 hectares.	619	769	149	24,09
Total de la petite exploitation.	2.434	2.634	199	8,19
Exploit. moyennes (culture de 10 à 40 hectares..............	636	727	90	14,28
Exploitations de plus de 40 hect.	154	142	12	7,84
Totaux généraux..............	3.224	3.503	301	8,63

Ainsi, le nombre des exploitations a augmenté de 8,63 0/0; l'augmentation a porté sur la petite culture et la moyenne culture; il y a eu, au contraire, une diminution de près de 8 0/0 sur la grande exploitation.

Deuxième question. — Le nombre des propriétaires ruraux diminue-t-il ou augmente-t-il? Le prolétariat agricole, comme on l'a prétendu, est-il en voie de développement ou de restriction?

L'enquête agricole de 1882, faite d'après des commissions cantonales, ne compte que 4.835.000 propriétaires ruraux, soit une différence de 3.618.900 avec le chiffre relevé par l'administration des contributions directes; cette différence provient de ce que la statistique agricole a négligé « les immeubles n'ayant aucune dépendance appréciable ». Les immeubles qu'elle désigne ainsi sont des jardins attenant à des maisons. Or, presque toutes ces maisons sont habitées par leurs propriétaires. Ce serait donc un chiffre considérable à ajouter au nombre de propriétaires relevé par l'enquête agricole.

Sur les 4.835.000 propriétaires ruraux, 3.525.000, soit 73 0/0, cultivent eux-mêmes leurs terres, tandis que 1.309.000 les font exploiter.

L'enquête agricole estime le chiffre total de la population agricole à 6.913.000 cultivateurs.

Pour apprécier le rapport de la population agricole à la propriété, on peut en déduire 201.000 forestiers, bûcherons et charbonniers; 254.000 domestiques de ferme au-dessous de seize ans; 532.000 servantes de ferme, soit 987.000 personnes. Restent donc 5.926.000 personnes, sur lesquelles nous trouvons :

Cultivateurs propriétaires :

1° Travaillant pour leur compte...............	2.150.000
2° Travaillant à la fois pour leur compte et pour le compte d'autrui, comme fermiers, métayers, journaliers..............................	1.374.000
Total......	3.524.000

Les cultivateurs propriétaires forment donc une majorité de 57 0/0, dont 35 0/0 travaillent exclusivement pour leur compte, 22 0/0 partagent leurs occupations entre la culture de leurs propres biens et celle de terres appartenant à d'autres.

Voici comment se répartissent les cultivateurs non propriétaires formant la minorité de 43 0/0 :

Régisseurs............	17.900
Fermiers	468.000
Métayers............	194.000
Journaliers	753.500
Domestiques de ferme mâles au-dessus de seize ans............	1.168.000
Total......	2.601.400

Le nombre des propriétaires cultivant leurs biens a-t-il augmenté ou diminué ?

Voici les chiffres :

Première catégorie. — Propriétaires cultivant exclusivement leurs biens :

1862	1882
1.802.000	2.132.000

Différence en plus : 330.000.

Propriétaires cultivant leurs biens avec l'aide d'un régisseur :

1862	1882
10.000	18.000

Différence en plus : 8.000.

Total des deux catégories :

1862	1882
1.812.000	2.150.000

Différence en plus : 338.000.

Pour les propriétaires, l'augmentation est donc de 18 0/0.

Deuxième catégorie. — Propriétaires cultivant leurs terres, mais travaillant aussi pour autrui en qualité de fermiers :

1862	1882
648.900	500.000

Différence en moins : 148.000.
Diminution : 23 0/0.

Métayers ou colons également propriétaires :

1862	1882
203.900	147.000

Différence en moins : 56.000.
Diminution : 25 0/0.

Journaliers également propriétaires :

1862	1882
1.134.000	727.000

Différence en moins : 407.000.
Diminution : 36 0/0.

Troisième catégorie. — Cultivateurs non propriétaires : fermiers.

1862	1882
386.500	468.000

Différence en plus : 81.500 ; augmentation : 18 0/0.

Métayers ou colons :

1862	1882
201.000	194.000

Différence en moins : 7.000 ; diminution : 3,5 0/0.

Journaliers :

1862	1882
869.000	753.000

Différence en moins : 116.000 ; diminution : 13 0/0.

Si nous comparons ces chiffres, nous obtenons les résultats suivants :

Augmentation.

Propriétaires cultivant eux-mêmes leurs terres.	338.000
Fermiers non propriétaires.................	82.000
Total des augmentations....	420.000

Diminution.

Fermiers en même temps propriétaires........	148.000
Métayers et colons en même temps propriétaires.	56.000
Métayers non propriétaires.................	7.000
Journaliers propriétaires.................	407.000
Journaliers non propriétaires.............	116.000
Total des diminutions.....	734.000

Diminution.......	734.000
Augmentation...	420.000
Différence...	314.000

Nous avons deux augmentations : l'une, celle des propriétaires cultivant eux-mêmes leurs terres; l'autre, celle des fermiers non propriétaires.

La première est tellement frappante, qu'elle excède de 314.000 la diminution du nombre des fermiers et métayers cultivant en même temps leurs terres : ce sont ces petits fermiers et ces petits métayers qui, ayant pu arrondir leurs terres, sont arrivés à posséder une propriété d'un rapport suffisant pour les occuper exclusivement. Ils ont abandonné, à moins qu'ils ne l'aient acquise, la portion de terre qu'ils avaient en location.

D'autres réalisent leurs propriétés et, avec les ressources qu'ils en retirent, louent une terre plus importante.

Un petit propriétaire de quelques ares ou quelques hectares, sur lesquels il ne pourrait élever sa famille, a l'esprit entreprenant. Il réalise cette petite propriété et emploie la somme qu'il en retire à « se monter » dans une exploitation agricole qu'il prend à bail. Ce petit propriétaire devient fermier.

Le système d'exploitation varie d'après le mode des cultures. Dans la Gironde, par exemple, les terres prises à ferme ne sont qu'au nombre de 1.267, ne représentant que 16.517 hectares, tandis que dans Eure-et-Loir elles sont au nombre de 14.172, représentant 346.000 hectares; dans la Manche, au nombre de 24.000, représentant 269.000 hectares; dans Ille-et-Vilaine, au nombre de 37.700, représentant 282.000 hectares; dans la Seine-Inférieure, au nombre de 27.000, représentant 321.000 hectares.

Les propriétaires et fermiers absorbent les 204.000

fermiers et métayers en même temps propriétaires et les 7.000 métayers en même temps propriétaires, soit.. **211.000**

Reste donc sur 420.000, chiffre total de l'augmentation, une différence de.......... 209.000

Cette différence doit être prise sur la diminution de.................................. 407.000
des journaliers propriétaires.

Restent donc.................................. 198.000
qui, joints aux journaliers non propriétaires
disparus 116.000
nous donnent le total des diminutions...... 314.000

La diminution a donc porté sur le prolétariat agricole et non sur la propriété ou l'entreprise agricoles.

Tous ceux qui connaissent la campagne savent que beaucoup d'ouvriers agricoles cherchent à quitter la houe pour des emplois de l'État : facteurs, cantonniers ; d'autres prennent un état : charpentiers, menuisiers, charrons, maréchaux ferrants. Beaucoup ont pour ambition, au sortir du service militaire, d'entrer dans les chemins de fer. La mine est une puissante attraction pour les ouvriers agricoles : dans ces dernières années, elle en a pris jusqu'à 10.000 par an, et elle ne les rend jamais, — ce qui, entre parenthèses, prouverait qu'elle n'est pas aussi terrible que le supposent les imaginations de ceux qui ne l'ont jamais visitée.

338,000 personnes, presque toutes chefs de famille, ont acquis en vingt ans de nouvelles propriétés, soit près de 16,000 par an ; et dans cette période sont compris les années 1870 et 1871 et les désastres du phylloxera.

Il y a une trentaine d'années, un personnage de la *Cagnotte,* au Palais-Royal, s'écriait, dans tous les moments pathétiques : « L'agriculture manque de bras ! » Que dirait-il aujourd'hui en constatant que 314,000 journaliers ont abandonné l'exploitation agricole ? Ces journaliers n'ont point attendu les conseils des socialistes pour changer de profession et en chercher de plus avantageuses à leurs points de vue respectifs, qui, quelquefois, peuvent avoir été erronés.

Cette émigration de journaliers a eu une conséquence : une diminution de la main-d'œuvre et, par conséquent, une augmentation des salaires.

Nous arrivons à cette conclusion : il y a augmentation des propriétaires et diminution des simples salariés.

Mais le chiffre des cultivateurs propriétaires indiqué ci-dessus est inférieur au chiffre réel ; beaucoup de domestiques de ferme sont des fils de petits propriétaires, qui se mettent en service parce que la propriété de leur famille n'est pas suffisante pour les occuper, parce qu'ils veulent avoir de l'argent comptant, dont ils économisent une partie pour se marier, « se monter » et louer une ferme plus ou moins grande.

Enfin, parmi les non-propriétaires se trouvent des individus majeurs dont les parents sont vivants, et parmi eux, des fils de propriétaires d'une parcelle de terrain, de plusieurs dizaines ou centaines d'hectares.

Derrière les propriétaires déclarés, il faut voir les propriétaires latents.

Pour obtenir l'assiette contributive, on compte 5 personnes en Hollande, 4,70 en Angleterre, et, en France, où les familles sont moins nombreuses, 4.

Si on fait ce calcul pour les 8.454.000 propriétaires

de propriétés non bâties en France, on obtient 33.816.000 propriétaires sur 38.343.000 Français, ou 89 0/0. Or, l'observation concorde à peu près avec ce chiffre. L'administration des contributions directes compte par 1.000 feux, c'est-à-dire par 1.000 ménages, 849 propriétaires, ou 85 0/0.

On peut donc dire qu'en France on peut considérer comme propriétaires de la propriété non bâtie, plus de 8 habitants sur 10.

Admettons qu'il y ait quelques doubles emplois ; que la même personne ait été quelquefois comptée deux fois comme propriétaire, nous retrouvons plus que cette proportion avec les 6.595.000 propriétaires de la propriété bâtie.

VII

PROPRIÉTÉ BATIE

Une enquête sur la valeur et les conditions de la propriété bâtie prescrite par la loi du 8 août 1885 a été opérée à partir de 1887, terminée en 1890, et les résultats en ont été publiés en 1891 par la direction des contributions directes.

Il existe en France :

		Valeur locative.
Maisons....................	8.914.000	2.597.000.000
Usines	137.000	212.000.000
Total......	9.051.000	2.810.000.000

Le nombre des « cotes propriétaires », pour nous servir d'un terme de l'administration des contributions directes, est de 6.595.000. Toutefois, d'après les observations que nous avons faites dans le § II de ce chapitre, ce nombre est exagéré; mais comme une maison ne peut être située sur deux communes, il en résulte que la différence entre le nombre des cotes et le nombre des propriétaires est beaucoup moindre pour la propriété bâtie que pour la propriété non bâtie. S'il y a un écart, il se trouve dans les 641 matrices (ou états de section) comprenant 1,362,000 articles, situés à Paris et dans quelques villes. En réduisant le nombre des propriétaires à la moitié de celui de ces maisons, on a donc 700.000 en chiffres ronds, ce qui ramène à 6 millions le nombre des propriétaires pour la propriété bâtie.

Pour la propriété bâtie comme pour la propriété non bâtie, on retrouve la prédominance de la petite propriété. Son importance varie selon les communes.

Désignation des catégories.	Nombre des maisons.	Valeur locative des maisons.	Rapport du nombre des maisons de chaque catégorie au nombre total.	Rapport de la valeur locative des maisons de chaque catégorie à la valeur locative totale.
Maisons d'une valeur locative :	Ajouter 000		0/0	0/0
De 20 fr. et au-dessous..	1.132	18.969	12,70	0,70
De 21 fr. à 50 fr.....	2.725	102.591	30,57	3,95
De 51 fr. à 100 fr.....	2.134	164.573	23,94	6,34
De 101 fr. à 200 fr.....	1.319	200.923	14,80	7,74
De 201 fr. à 500 fr.....	866	293.095	9,72	11,28
De 501 fr. à 1.000 fr.....	370	274.625	4,16	10,57
De 1.001 fr. à 2.000 fr.....	197	286.243	2,21	11,02
De 2.001 fr. à 5.000 fr.....	105	329.662	1,19	12,69
De 5.001 fr. et au-dessus...	63	927.700	0,71	35,71
Totaux...	8.914	2.597.686	100 »	100 »

La valeur imposable réelle réduite aux trois quarts pour les maison donne........... 1.948.000.000 fr.

Aux deux tiers pour les usines... 141.000.000

Total...... 2.089.000.000 fr.

Le revenu net moyen par propriété est, dans les communes au-dessous de :

2,000 habitants, de...................... 76 fr.

2,001 à 5,000 habitants, de........ 141

5,001 à 100,000 habitants, de...... 296

Dans les grandes villes, de......... 1,245

A Paris, de......................... 6.944

1° *Maisons.* — Les communes au-dessous de 5,001 habitants, comprenant une population de 26,400,000 habitants, comptent 1.105.000 maisons ne comportant pas plus de 20 fr. de valeur locative, et les communes ayant une population supérieure, 3.167 seulement. Sur les 63.000 maisons d'une valeur locative supérieure à 5.001 fr., 37.000 appartiennent à la ville de Paris, et 2.167 seulement aux communes d'une population moindre de 5.001 habitants.

Sur l'ensemble des maisons, 8.166.000 représentent une valeur locative ne dépassant pas 500 fr. C'est donc un peu moins de 92 0/0, tandis que les habitations dont la valeur locative est au-dessus de 500 sont un peu plus de 8 0/0. Pour construire des habitations à bon marché, on n'a pas attendu des lois qui les encouragent.

Mais ces 8 0/0 des loyers représentent 69 0/0 de la valeur locative. La proportion est complètement changée.

A Paris, qui contient les loyers les plus élevés, où s'étalent des kilomètres de loyers chers, on retrouve une proportion analogue.

A Paris, 1er janvier 1889 :

	Locaux d'habitation.		Valeur locative.	
De 1 à 499 f........	604.000		138.800.000	
De 500 à 799........	88.798		52.600.000	
De 800 à 999........	24.509		20.700.000	
		0/0		0/0
Total des loyers au-dessous de 1.000 fr..	717.000	89,25	212.192.000	47,51
Au-dessus de 1.000 fr.	86.000	10,75	234.400.000	52,49
Total général.....	803.000		446.592.000	

Ainsi, à Paris 70 0/0 des locaux d'habitation ont une valeur locative au-dessous de 500 fr.; et parmi eux, il faut compter 403.000 locaux au-dessous de 300 fr., soit 50 0/0 du chiffre total : 89.25 0/0 sont au-dessous de 1.000 fr.; il ne reste que 10.75 de locaux au-dessus de 1.000 fr.; mais la valeur locative de cette petite minorité est de plus de 52 0/0, tandis que la valeur locative des autres est de 47 0/0, ce qui prouve combien sont antiproportionnelles les taxes d'octroi, qui frappent la population en raison de la quantité de sa consommation des objets utiles.

2° *Usines.* — Le cadre ci-après résume les résultats du classement des usines en catégories d'après leur valeur locative.

Désignation des catégories.	Nombre des usines.	Valeur locative des usines.	Rapport du nombre des usines de chaq. cat. au nombre totale.	Rapport de la valeur locative des usines de chaque catég. à la valeur loc. totale.
Usines d'une valeur locative :	Ajouter 000		0/0	0/0
De 200 fr. et au-dessous.	53.289	6.651	38,89	3,13
De 201 fr. à 500 fr......	35.851	13.036	26,16	6,13
De 501 fr. à 1.000 fr.....	18.829	14.846	13,74	6,98
De 1.001 fr. à 2.000 fr....	11.840	18.338	8,64	8,62
De 2.001 fr. à 5.000 fr....	9.298	31.833	6,79	14,96
De 5.001 fr. à 10.000 fr...	3.996	29.546	2,92	13,89
De 10.001 fr. à 20.000 fr...	2.283	31.274	1,67	14,70
De 20.001 fr. à 40.000 fr...	1.096	29.601	0,80	13,92
De 40.001 fr. et au-dessus..	537	37.597	0,39	17,67
Totaux.......	137.019	212.725	100 »	100 »

Constatations. — Sur les 8.914.523 maisons existant en France, 8.100.528 étaient occupées en totalité au moment de l'exécution du travail de l'évaluation des propriétés bâties, et 813.995 étaient vacantes ou occupées en partie seulement.

Parmi les maisons de la première catégorie :

4.969.223 étaient occupées par le propriétaire seul ;

2.725.708 étaient occupées par un ou plusieurs locataires ;

405.597 étaient occupées à la fois par le propriétaire et par un ou plusieurs locataires.

Les maisons de la seconde catégorie comprenaient :

612.251 maisons vacantes en totalité ;

201.744 maisons vacantes en partie seulement.

Les maisons occupées par le propriétaire seul représentent pour l'ensemble de la France 55,74 0/0 du nombre total des maisons.

Les 137.019 usines comportant une valeur locative de 212.725.689 francs, se divisent, au point de vue de leur mode d'exploitation, de la manière suivante.

A l'époque du recensement des propriétés bâties, 122.990 usines, soit 90 0/0, étaient exploitées en totalité, et 14.029, soit 10 0/0, se trouvaient en état de chômage complet ou partiel.

Parmi les usines de la première catégorie :

85.636 étaient exploitées par le propriétaire seul;

34.145 étaient exploitées par un ou plusieurs locataires;

3.209 étaient exploitées à la fois par le propriétaire et par un ou plusieurs locataires.

On a constaté que les bâtiments ruraux avaient, pour l'ensemble de la France, une valeur locative de 191.386.480 francs, correspondant à une valeur vénale de 6.167.456.379 francs.

Ces bâtiments dépendent de 4.311.297 exploitations rurales, d'où il suit que la valeur vénale des bâtiments compris dans chaque exploitation ressort, en moyenne, à 1.437 francs, et leur valeur locative à 44 francs.

La valeur vénale des 19.031.000 propriétés bâties, passibles de la contribution foncière, s'élève à 49 milliards 300.000.000 de francs, se décomposant ainsi :

Maisons ordinaires......................	44.203.000.000
Châteaux et maisons exceptionnelles..	1.932.000.000
Usines	3.183.000.000
Auxquels il faut ajouter :	
Bâtiments ruraux......................	6.197.000.000
Total........	55.516.000.000

VIII

AUGMENTATION DE LA VALEUR DE LA PROPRIÉTÉ NON BATIE ET BATIE

Voici le prix moyen de l'hectare de terre depuis un siècle :

			Augmentat. 0,0
1779......................	500 fr. l'hectare.	—	
1815......................	700	—	40
1851......................	1.276	—	155
1862......................	1.850	—	290
1874......................	2.000	—	300
1879-1883	1.830	—	260

Dans ces chiffres, deux seulement résultent d'une enquête d'ensemble faite par l'administration des contributions directes : ceux de 1851 et ceux de 1883.

Si on compare les chiffres de l'enquête 1851-53 avec ceux de l'enquête de 1879-83, on trouve les différences suivantes :

	1851	1879
Revenu net imposable par hectare .	38,04	52,87
Valeur vénale par hectare............	1.276	1.830
Rapport du revenu net imposable à la valeur vénale....................	2,98	2,89

Propriétés bâties.

	Nombre de maisons et châteaux.	Usines et moulins.
1826......................	6.484.000	»
1847......................	6.999.000	120.000
1851......................	7.439.000	138.000
1872......................	8.231.000	147.000
1879......................	8.509.000	151.000
1885......................	8.729.000	153,000

Nature des propriétés.	Valeur vénale		Différence en plus	Taux de l'aug-menta-tion	Taux d'intérêt	
	en 1851-53	en 1879-89			en 1851-53	en 1887-89
	Ajouter 000.000					
	Fr.	Fr.	Fr.	0/0	0/0	0/0
Maisons ordinaires.	17.474	43.501	26.027	149	3,65	4,27
Châteaux et maisons exceptionnelles.........	528	1.909	1.381	261	3,05	3,16
Usines	1,276	3.152	1.875	147	4,46	4,46
Propriétés bâties de toute nature....	19.279	48.563	29.482	152	3,69	4,24

L'enquête de 1851-53 avait, abstraction faite des portions de territoire cédées à l'Allemagne en 1871, révélé l'existence de 7.325.000 propriétés de l'espèce.

Mais pour que la raison soit exacte, il faut retrancher des résultats de l'enquête de 1871 un chiffre fourni par la Corse, où le travail prescrit par la loi de 1850 ne fut pas exécuté, et par la Savoie et Nice, qui ne font partie de la France que depuis 1860, ce qui réduit le nombre à 8.828.000.

De 1851-1853 à 1887-1889, le nombre des propriétés bâties s'est accru de 1.500.000, soit de 21 0/0 ou de 41.760 par an.

Le revenu net constaté respectivement à ces deux époques pour les immeubles bâtis s'est élevé de 700.800.000 à 2.058.900.000 fr., soit 1.358.000.000 fr. ou 190 0/0, correspondant à une augmentation annuelle de 37 millions 400.000 francs.

D'après l'enquête 1851-1853, le revenu moyen annuel était de .... 97 fr.

Il est actuellement de.................... 233 fr.

En plus...... 136 fr.

Si le revenu moyen par propriété s'est élevé de 451 à 940 fr., soit 108 0/0, dans les villes d'une population supérieure à 5,000 habitants, y compris Paris, l'augmentation dans les autres communes, bien que moins importante, atteint 78 0/0 (51 fr. à 91 fr.).

Valeur de la propriété immobilière.

	Revenu net.	Val. vénale.	Rap.
	Ajouter 000		
Propriété bâtie, 1887-1888..........	2.090.000	49.320.000	4,24
Propriété non bâtie, 1879-1883.......	2.645.000	91.583.000	2,89
Ensemble.........	4.735.000	140.904.000	3,36

Il faut y ajouter 6 milliards pour les bâtiments ruraux. Nous pouvons donc dire que la propriété foncière en France vaut, en chiffres ronds, 150 milliards, et ce chiffre est plutôt au-dessous qu'au-dessus de la vérité.

Le revenu de la propriété non bâtie a diminué, quoique sa valeur ait augmenté : mais c'est la loi même de la plus-value du capital. Les protectionnistes demandent à l'État de les garantir contre cette diminution de revenu. Logiquement, ils devraient lui demander aussi de les garantir contre l'augmentation de la valeur en capital de la propriété. Ce serait la meilleure manière de relever le taux du revenu.

Toutefois, quoique la valeur des maisons ait augmenté de 152 0/0 de 1851-1853 à 1887-1889, le taux du revenu a augmenté également : c'est là une preuve que les besoins de l'habitation se sont élevés encore plus rapidement que les constructions, spécialement dans les villes.

IX

L'IMPÔT FONCIER

Si la valeur de la propriété a augmenté dans les proportions que nous venons d'indiquer, la contribution foncière n'a pas cessé de subir des dégrèvements. Le revenu net imposable sur l'ensemble de la propriété bâtie et non bâtie a suivi la progression suivante :

1789...... 1.140.000.
1889...... 4.671.000. — En plus, 220 0/0.

Depuis 1791, l'impôt foncier n'a pas cessé de diminuer : de cette date à 1821, il y eut des dégrèvements ; la loi de 1835 lui donna quelque élasticité, mais seulement pour la propriété bâtie ; en 1851, il y eut un nouveau dégrèvement de 17 centimes. En 1881, on sépara la propriété bâtie de la propriété non bâtie, et depuis, la loi du 8 avril 1890 a apporté un dégrèvement de 15 millions à la propriété non bâtie : on a augmenté, au contraire, l'impôt sur la propriété bâtie[1].

1. Les résultats se rapportent, pour toutes les opérations, à la même partie du territoire ; ils ne s'appliquent, dans aucun cas, ni à l'Alsace-Lorraine, ni à la Corse, ni aux territoires annexés à la France en 1860.

Nature des propriétés évaluées.	Résultats généraux des diverses opérations.			Résultats afférents à la partie de la France continentale qui n'a subi aucune modification depuis 1851		
	Contribution foncière en principal.	Revenu net imposable.	Taux de l'impôt.	Contribution foncière en principal.	Revenu net imposable.	Taux de l'impôt.
	Ajouter 000.000			Ajouter 000.000		
1791			0/0			0/0
Non bâties et bâties.	240	1.440	16,66	»	»	»
1821						
Non bâties et bâties avant le dégrèvement..........	168	1.580	10,64		»	»
Non bâties et bâties après le dégrèvement..........	154	1.580	9,79	»	»	»
1851-53 [1]						
Non bâties........	121	1.905	6,38	117	1.824	6,44
Bâties	38	737	5,24	37	710	5,26
Non bâties et bâties.	160	2.643	6,06	154	2.534	6,10
1862 [2]						
Non bâties et bâties.	164	3.216	5,12	159	3.096	5,15
1874						
Non bâties et bâties.	169	4.049	4,20	167	3.969	4,23
1879-81						
Non bâties........	118	2.645	4,49	117	2.593	4,53
1884						
Non bâties........	118	2.581	4,60	117	2.524	4,64
1894						
Non bâties (dégr. 8 août 1891 : 15,267,000 fr.)...	103	»	»	»	»	»
1887-89						
Bâties	62	2.090	3,00	62	2.058	3,01
1894						
Bâties	68	»	3,20	»	»	»

1. La Corse n'a pas été comprise dans l'évaluation de 1851-53.
2. Les évaluations de 1862 n'ont été effectuées ni dans la

La contribution foncière est passée de :

1791......   240.000.000 à
1894....... 171.000.000. — En moins, 29 0/0.

La diminution serait encore plus considérable si on pouvait faire dès l'origine le départ entre la propriété bâtie et la propriété non bâtie.

Il faut ajouter, il est vrai, les centimes prélevés pour les dépenses départementales et communales, qui doublent à peu près le principal de l'impôt foncier ; mais on voit que cet impôt, même ainsi accru, reste de beaucoup en deçà de la proportion établie en 1791.

La population rurale étant en France d'environ 67 0/0, la majorité des députés n'a pas cessé de chercher à dégrever la propriété non bâtie, quoique les dégrèvements ne se fassent sentir d'une manière efficace que sur les grandes propriétés. Cette politique donne l'illusion qu'on fait quelque chose pour la petite propriété, alors qu'on ne fait quelque chose que pour la grande. Il en est de même des droits de douane établis pour protéger le blé et le bétail.

X

CONCLUSIONS

1° Le nombre des cotes foncières n'indique pas le nombre des propriétaires, contrairement à un préjugé répandu même dans les livres de statistique.

Le nombre des propriétaires est environ 60 0/0 des cotes pour la propriété non bâtie.

Corse, ni dans les territoires qui venaient alors d'être annexés à la France (comté de Nice et duché de Savoie).

Cette proportion est beaucoup plus élevée pour la propriété bâtie.

Depuis la Révolution, le nombre des propriétaires n'a pas cessé d'augmenter :

1789 environ 4 millions ;
1825   —   6 millions et demi ;
1850   —   7 millions à 7 millions et demi.

Actuellement, on peut considérer qu'il y a en France :

Propriétaires de la propriété non bâtie.	8.454.000
Propriétaires de la propriété bâtie.....	6.595.000
Total......	15.049.000

Seulement la plupart de ces propriétaires cumulent : on peut donc les ramener à 8 millions et demi indiqués pour la propriété non bâtie.

Même avec cette atténuation, nous pouvons conclure que, personnellement ou par indivision, la famille étant supposée de quatre personnes, plus de huit Français sur dix ont part à la propriété foncière.

2° Si on déduit les 5 millions d'hectares de propriétés communales, départementales, d'établissements de bienfaisance, etc., la grande propriété privée (au-dessus de 50 hectares) représente environ 28 0/0 du territoire agricole de la France.

Si on tient compte que la plupart des bois et des landes sont compris dans la grande propriété, la valeur de cette grande propriété est au-dessous de la proportion de sa superficie : car les landes et bois ne sont estimés que 206 fr. et 745 fr. l'hectare, tandis que les terres labourables sont estimées 2.197 francs.

3° Le nombre des propriétaires cultivateurs augmente ; le nombre des ouvriers ruraux non propriétaires diminue.

4° Pour l'ensemble de la France, les 8 millions 914.000 maisons, usines déduites, représentent une valeur locative de 2.597 millions, et sur ce chiffre, 8 millions de maisons ou 91.73 0/0 ont une valeur locative au-dessous de 500 fr., représentant un total de 777 millions ou 27 0/0. Les maisons ayant une valeur locative de plus de 5.000 fr. ne sont qu'au nombre de 63.000 ou 0,71 0/0, moins d'une unité, représentant une valeur locative de 927 millions ou 35 0/0.

Mais ces maisons peuvent être habitées par de petits locataires. A Paris, 604.000 locaux d'habitation sur 803.000 sont au-dessous de 500 fr.

5° Malgré l'augmentation considérable de la valeur de la propriété depuis 1789, la contribution foncière, spécialement celle établie sur la propriété non bâtie, n'a cessé d'être l'objet de dégrèvements.

Étant données la part des petites propriétés et leur valeur proportionnelle, ces dégrèvements ont été insignifiants pour elles et sensibles seulement pour les grandes propriétés.

CHAPITRE II

Les adversaires de la propriété.

Pas d'optimisme. — Les adversaires de la propriété. — D'abord les propriétaires. — Adversaires des routes et des chemins de fer. — Les propriétaires ne sont pas les agriculteurs. — Les rentiers et les propriétaires. — Les socialistes révolutionnaires. — Pour guérir la propriété, supprimer les propriétaires. — Les socialistes chrétiens. — Les philanthropes. — Leurs préjugés. — Ils veulent attacher le paysan à la terre. — Utilité des villes pour la propriété et l'agriculture. — Le « homestead exemption ». — Liberté de tester.

Voilà les résultats : M. Lafargue aura beau se lamenter, il ne persuadera à personne que la situation de la propriété en France est plus mauvaise qu'à la veille de 89. S'il me traite d'optimiste, il a tort. Je trouve que la propriété pourrait être dans une beaucoup meilleure situation qu'elle ne l'est. Voilà vingt ans que je dénonce, après tant d'autres, les vices de sa constitution juridique et de son organisation fiscale; que je propose un certain nombre de réformes destinées à les faire disparaître; mais ces réformes sont conformes au programme de 89, et elles n'y sont pas contraires, comme le programme de M. Lafargue.

La propriété immobilière a plusieurs adversaires qui travaillent consciencieusement à sa ruine.

Je mets, d'abord, au premier rang, nombre de propriétaires qui considèrent que, du moment qu'une maison ou un champ s'appellent propriété immobilière, ils doivent rester à tout jamais frappés d'immobilité.

Ils considèrent encore que la propriété doit demeurer dans la famille, alors que les fils auraient besoin de capitaux pour s'établir. C'est une sorte de déchéance pour les enfants de vendre la maison paternelle quand ils n'en savent que faire.

Ces propriétaires ont prouvé à maintes reprises, d'une manière éclatante, comment ils comprenaient leurs intérêts.

Adam Smith raconte que les agriculteurs et propriétaires des comtés voisins de Londres adressèrent une pétition au parlement pour l'empêcher d'étendre les routes aux comtés plus éloignés, alléguant que, la main-d'œuvre y étant à plus bas prix, leurs produits pourraient leur faire une ruineuse concurrence.

En France, les Morvandeaux ont résisté aux routes qui leur ont apporté le bien-être[1], et il n'y a guère de province qui n'ait présenté de pareilles résistances. En Angleterre, comme en France, les propriétaires se sont déclarés hostiles aux chemins de fer qui devaient les enrichir. Perdonnet rappelait qu'aucun Versaillais n'avait consenti à assister à l'inauguration du chemin de fer, et les propriétaires d'Alençon se figurèrent avoir remporté une grande victoire quand ils parvinrent à faire passer par le Mans la ligne de Bretagne! Nombre de propriétaires considéraient que les chemins de fer commettaient des sacrilèges en traçant des lignes droi-

---

1. HOVELACQUE et HERVÉ, *le Morvan.*

tes sans s'occuper des démarcations des propriétés. On a joué au théâtre des pièces pleurnichardes sur les bouleversements causés par les percements de M. Haussmann et de ses successeurs. C'étaient des propriétaires aussi qui prédisaient la banqueroute de la propriété vers 1840, si on avait le malheur d'établir le Crédit foncier[1]. Beaucoup ont peur de toute réforme qui trouble leurs habitudes, les force à prendre des décisions et à faire quelque chose de nouveau. Le « bourgeois », qui considère sa terre comme un fonds de placement, plein de sécurité, ne doit pas essayer de lui donner un autre rôle. Les propriétaires qui, affermant leurs terres, parlent au nom de l'agriculture, confondent leur rôle et celui de leur fermier. Ils sont de simples bailleurs d'un capital; et cet acte de prêt ne leur donne ni compétence, ni autorité, ni mandat agricole. Quand ils réclament des droits sur le blé ou sur le bétail, au nom de l'agriculture, ils se trompent et trompent les badauds : ce qu'ils demandent à l'État, c'est de garantir leurs revenus : et nous voyons cette contradiction bizarre que les mêmes hommes qui trouvent tout simple de faire subir aux rentiers de l'État le poids de la loi de l'offre et de la demande, en diminuant leurs revenus, demandent au gouvernement de les protéger contre l'abaissement du taux de location de leurs terres: Ils prennent aux uns, dans l'intérêt des contribuables, et ils demandent qu'on leur donne, aux dépens des consommateurs : et ce qu'ils donnent, eux, ce sont des arguments aux socialistes, dont M. Jaurès, protectionniste lui-même, n'a pas manqué de se servir.

1. *Crédit foncier*, par Yves Guyot : *Dictionnaire d'économie politique.*

Les socialistes se lamentent aussi sur le sort de la propriété; et pour la guérir, ils proposent de supprimer les propriétaires.

Les socialistes révolutionnaires ne sont pas les seuls à attaquer la propriété : il faut y joindre « les socialistes chrétiens ». Ils ont trouvé dans certains Pères de l'Église des citations communistes, qui prouvent surtout que des ascètes, des scolastiques et des mystiques ont pu avoir de grands mérites sans être ni économistes ni juristes. Certains d'entre eux, comme M. de Mun, ont fait de la démagogie religieuse, si bien qu'ils ont pu mériter l'approbation des socialistes révolutionnaires; et ils n'ont pas protesté. C'était un échange de bons procédés. Le 9 décembre 1891, M. de Mun faisait cette déclaration solennelle à la tribune :

Je n'ai à apprendre à personne que je suis d'accord avec les socialistes, avec celui qui était tout à l'heure à la tribune (M. Paul Lafargue), sur la critique de l'ordre économique, autant que sur un grand nombre des réformes sociales qui sont journellement réclamées par les travailleurs.

M. de Mun et M. Lafargue sont unis par une haine commune contre la Révolution de 89. Mais cette alliance prouve-t-elle que M. Lafargue est un révolutionnaire progressiste ? ne prouverait-elle pas qu'il n'est qu'un révolutionnaire violent[1] ?

Puis viennent les troisièmes médecins, et non les moins dangereux : ce sont les philanthropes, qui veu-

---

1. *Les Éléments d'économie politique*, par JOSEPH RAMBAUD, professeur d'économie politique à la faculté catholique de droit de Lyon, contiennent une excellente critique du socialisme chrétien. L'ouvrage de M. J. Rambaud vient de recevoir l'approbation pontificale (1895).

lent faire le bonheur des gens malgré eux ; qui ont pour
les économistes, quoique quelques-uns occupent des
chaires d'économie politique, une haine égale à celle
des susnommés. Ils essayent de refaire une féodalité
paternelle et vertueuse ; et quand ils ont établi un
échafaudage savant de matières combustibles et de sub-
stances explosives, ils sont étonnés du résultat ; ils le
déplorent et recommencent à construire des foyers
d'incendie de plus en plus perfectionnés. Ils ont des
modes : tantôt c'est la petite propriété qui a toutes leurs
préférences ; d'autres fois, c'est le métayage ; à d'autres moments, ce sont des coopératives qui permettront
au paysan, recueillant une douzaine d'œufs en basse
Bretagne, « de se passer de l'intermédiaire » et « de
les vendre directement » au bourgeois parisien qui
mange deux œufs à la coque pour son déjeuner ! Ils
cherchent des moyens « pour attacher le paysan à la
terre » : comme si la grande œuvre de la Révolution
n'avait pas été de détruire le lien féodal qui l'engluait
dans la glébe ! Ils cherchent des combinaisons pour le
renouer, sans réfléchir que s'ils essayent d'immobiliser
l'homme, au moment où tout se mobilise, ils lui en-
lèvent la plus grande partie de sa valeur, et que s'il se
sent contraint à cette immobilité, il deviendra un mé-
content et un révolté, comme l'était le mainmortable
de 1789.

Ne se sont-ils pas avisés de découvrir le *homestead
exemption*, d'après lequel, aux États-Unis, tous les petits propriétaires s'empresseraient de rendre insaisis-
sable leur maison et une certaine étendue de terre !
Il n'y a pas de conception plus antiéconomique. Quand
mon ami Donnat m'en parlait, je lui disais toujours

que j'étais fort surpris que cette institution de stagnation pût se concilier avec l'esprit d'initiative et d'entreprise des Américains. M. Paul Bureau est allé l'étudier sur place[1]. Il a eu toutes les peines du monde à la découvrir en pratique. Elle n'existe que sur le papier. MM. Lemire et Leveillé veulent l'introduire dans notre législation. M. Cheysson la considère comme une panacée. En réalité, le *homestead* doit être repoussé pour les motifs suivants.

1° C'est une institution qui immobilise, qui « solidifie », en quelque sorte, la propriété foncière, et, à ce titre, c'est une institution mauvaise. Elle est mauvaise encore en ce qu'elle a pour objet de protéger l'individu contre ses propres entraînements.

Dans notre législation, n'avons-nous pas quelque chose d'analogue, le régime dotal, cette législation qui, sous prétexte de protéger la femme mariée, paralyse l'initiative du mari, immobilise la propriété ? Avec quel succès, tout le monde le sait, et l'on connaît les fraudes à l'aide desquelles la loi est chaque jour tournée, les remplois factices et ruineux.

2° On sait qu'une des bases du crédit, c'est précisément le risque que court le débiteur d'être exproprié des garanties matérielles offertes par lui à son créancier. Diminuez ce risque, vous réduisez le crédit : la nouvelle loi sur la liquidation judiciaire a précisément causé, à cet égard, de graves préjudices au crédit des commerçants.

Le *homestead* ne peut que nuire à ceux qui ont justement le plus grand besoin du crédit.

1. Voir le *Homestead*, un vol. in-8°, précédé d'un rapport de M. Levasseur; 1894.

Le législateur n'a pas à intervenir dans la répartition de la propriété. Il doit s'abstenir, même dans les
lois successorales, sinon pour préserver les droits des
mineurs, des incapables et des absents. Nous devons
revenir, par étapes, à la liberté de tester.

Nous ne devons pas essayer, par des moyens factices,
de maintenir les paysans à la campagne. Ce sont les populations urbaines qui sont les grandes clientes des
cultivateurs, provoquent une agriculture plus intensive,
en lui fournissant des débouchés d'autant plus puissants qu'elles sont plus nombreuses, plus actives et
plus riches. Les propriétaires actuels, qui gémissent
sur le développement des villes, ne sont pas plus rai-
sonnables que leurs pères quand ils s'opposaient aux
routes et aux chemins de fer.

Des philanthropes s'imaginent que l'humanité les a
attendus pour avoir des logements à bon marché :
comme si les malheureux n'avaient pas dû commencer
par là, et comme si la grande majorité même des habitants des pays les plus civilisés n'étaient pas obligés de
s'en contenter! Les uns trouvent des combinaisons
pour vendre des maisons en cinquante ans; et ces maisons sont bâties de telle sorte qu'elles n'existeront
peut-être plus à cette date. Eussent-elles la solidité des
Pyramides, qu'il est imprudent de pousser des gens à
devenir propriétaires autour d'une usine! Cette usine
durera-t-elle toujours? aura-t-elle toujours du travail
à donner? et si elle n'en a plus, que devient le propriétaire de cette maison à bon marché? et l'usine fer-
mée, que vaut sa maison?

Les prix de main-d'œuvre ne conviennent plus à cet
ouvrier. Ailleurs il pourrait trouver un salaire plus

rémunérateur. Mais il est devenu propriétaire : il est attaché à sa coquille, et il n'a même pas, comme le limaçon, la faculté de la transporter avec lui là où se produit le besoin de son travail.

A ces trois préjugés :

La terre n'est pas un capital comme un autre; la terre n'est pas un fonds de placement comme un autre;

L'agriculture n'est pas une industrie comme une autre;

Il est bon d'attacher l'homme au sol;

Il faut répondre :

La terre est un capital comme un autre ; la terre est un fonds de placement comme un autre;

L'agriculture est une industrie comme une autre;

La propriété doit être aussi mobile que les besoins.

Aux États-Unis, tandis que, sur 4,767,000 exploitations rurales, 3,142,000 sont cultivées par leurs propriétaires et 1,624,000 seulement par des fermiers, sur 7,922,000 maisons, 5,000,000 sont habitées par des locataires[1] : et cependant il n'y a rien de plus facile que d'acheter une maison; mais les hommes craignent de prendre racine sur place, et ils prouvent leur sagesse en repoussant les avances qu'on leur fait.

1. ROBERT P. PORTER, *Superintendance of the eleventh United States census; The Investors' Review,* nov. 94.

CHAPITRE III

Du droit de propriété.

Antagonisme du communisme et du patriotisme. — Si un individu ne peut être propriétaire, un peuple ne peut être propriétaire de son territoire. — Retour à la théorie de Louis XIV. — Définition du droit de propriété. — « Institution sociale? » — La théorie des légistes et les faits. — La propriété est un fait nécessaire. — *Le droit est la conscience du fait.* — Constitution de la propriété. — *La loi ne crée pas la propriété, elle en détermine les modes.* — Liberté du travail et droit de propriété. — L'occupation. — Propriété légitime et illégitime. — Peuples de proie. — Individus criminels. — *Civilisation de violence : civilisation de travail et d'échange.* — Législateurs rétrogrades. — Criminels de théorie. — Qui dit propriété dit hérédité. — Évolution juridique. — Un synonyme : « Erbe ».

M. Lafargue ne reconnaît pas le droit de propriété individuelle. Reconnaît-il le droit de propriété qu'une nation a sur son territoire? S'il le reconnaît, il reconnaît le principe de la propriété privée : car que ce soient des millions, des milliers, des centaines, des dizaines ou des unités qui, en désignant une certaine superficie de terrain, disent : « Ceci est à nous, » ou : « Ceci est à moi, » ils font acte de propriété, puisqu'ils retirent du domaine commun une portion déterminée du sol.

Que veulent dire MM. Liebnecht et Bebel quand ils parlent de leur patriotisme allemand? De quel droit, pour un communiste, un peuple est-il propriétaire d'une partie de la planète ? Si la terre est à tous, elle n'est pas plus à un Chinois qu'à un citoyen de la république de Saint-Marin. Le Fuégien est copropriétaire de la ville de Berlin au même titre que les sujets de l'empereur Guillaume. Le collectiviste logique n'est même pas internationaliste, car il supprime les nations et veut faire pot commun avec l'humanité tout entière. En attendant cette heure, heureuse, mais éloignée, que n'essayent-ils de constituer un petit phalanstère entre eux, où ils jouiraient de la communauté vers laquelle ils se proposent de nous ramener? Si, par un illogisme qui leur est habituel, ils bornent le communisme au territoire d'une nation, ils reviennent à la théorie que Louis XIV exposait de la manière suivante, dans ses *Mémoires pour l'instruction du Dauphin* (t. V, p. 121-122) : « Tout ce qui se trouve dans l'étendue de nos États nous appartient au même titre. Vous devez être persuadé que les rois ont la disposition pleine et entière de tous les biens qui sont possédés aussi bien par les gens d'Église que par les séculiers, pour en user en tout temps comme de sages économes, c'est-à-dire suivant le besoin général de leur État. » L'ordonnance de 1692 proclame solennellement « la propriété supérieure et universelle du roi sur toutes les terres ». La Sorbonne ratifie ce principe. Le maréchal de Villeroy l'applique quand il dit à Louis XV enfant, en lui montrant le peuple assemblé sous ses fenêtres : « Sire, tout ce que vous voyez est à vous. »

Cette conception monarchique n'est pas spéciale à la France, car Blackstone considère que, « dans le droit public anglais, c'est une maxime fondamentale que le roi est le seul maître et le propriétaire originaire de toutes les terres du royaume ».

Cette doctrine absolutiste a passé dans la plupart des définitions de la propriété, même de ses défenseurs, comme le prouvent les citations suivantes :

Comme les hommes ont renoncé à leur indépendance naturelle pour vivre sous des lois politiques, ils ont renoncé à la communauté naturelle des biens pour vivre sous des lois civiles; ces premières lois leur acquirent la liberté, les secondes la propriété. (MONTESQUIEU.) La loi seule constitue la propriété. (MIRABEAU.) Le droit de propriété n'est qu'une institution sociale et non naturelle. (BLACKSTONE.) La propriété n'est autre chose qu'une convention sociale. (BENJAMIN CONSTANT.) C'est l'établissement seul de la société, ce sont les lois conventionnelles qui sont la véritable source du droit de propriété. (TRONCHET.) La propriété et la loi sont nées ensemble et mourront ensemble. Avant les lois, point de propriété ; ôtez les lois, toute propriété cesse. (JÉRÉMIE BENTHAM.) Le droit de propriété n'est point naturel, mais social. (LABOULAYE.) Je ne regarde pas la propriété comme sacrée, car ce sont les lois humaines qui l'ont établie. (CHERBULIEZ.)

Des socialistes de la chaire, comme M. Ch. Gide, considèrent « les propriétaires comme investis d'une fonction sociale, comme des administrateurs auxquels la société confie l'exploitation du sol, en leur abandonnant, à titre de rémunération définitive et absolue, tout ce qu'ils réussiraient à produire[1]. »

Ces préjugés sont si persistants que M. Viger, ministre de l'agriculture, disait dans son discours à Clion (In-

---

1. *Principes d'économie politique*, 4º édit.

dre): «La propriété n'a de raison d'être et ne tire sa légitimité que des secours qu'elle apporte, par l'impôt prélevé sur son revenu, aux charges de l'État[1]. ».

Ces légistes prouvent une fois de plus que les hommes veulent toujours faire les autres à leur image. Ils se sont imaginé que des légistes, comme eux, s'étaient réunis un jour, au nom de la société, dans un cabinet et avaient discuté métaphysiquement pour savoir si la propriété venait de la loi ou était antérieure à la loi : et ces légistes, qui ont une tendance à prendre des têtes pour des choses et des mots pour des réalités, ont déclaré que « la propriété était une convention sociale, et non une institution naturelle ». L'homme, pour devenir propriétaire, aurait attendu que la société l'y autorisât !

Quand on sort des discussions pour regarder les faits, on s'aperçoit que tout être n'existe qu'à la condition de faire acte de propriété. L'huître fait acte de propriété sur le rocher auquel elle s'attache, et elle ne se développe qu'en faisant des acquisitions constantes. Nous ne faisons pas un acte qui ne soit acte de propriétaire. Quand je respire, j'aspire de l'oxygène et de l'azote, et à la place je rends de l'acide carbonique ; je ne vis qu'à la condition de m'assimiler des aliments : chaque fois que je mange, je fais acte de propriété. Qu'est-ce que le savoir ? C'est un acte de propriété.

Je ne puis vivre qu'en acquérant toujours, et je me développe d'autant plus que mes acquisitions sont plus importantes, plus complètes, et que j'en ai une notion plus précise. L'homme n'a pas plus attendu les législa-

1. *Journal officiel*, 23 oct. 1894.

teurs, pour devenir propriétaire, qu'il n'a attendu Lavoisier pour respirer. Quand le droit romain a défini la
propriété *jus utendi, fruendi, abutendi*, le droit d'user,
de jouir et de disposer, il a constaté un fait. Le fait a
précédé le droit, comme l'empirisme précède la science.
Le droit est la conscience du fait. Il n'y a pas de vie
sans propriété. L'adaptation d'objets extérieurs aux
besoins de l'homme est un fait nécessaire sans lequel il
n'y a pas de vie organique : et cet acte d'adaptation
constitue le droit de propriété.

Le lion se considère comme maître de sa proie et de
sa tanière. On a constaté que des hordes de moineaux
se considéraient comme propriétaires de telles toitures,
tels arbres, et qu'ils ont des cantonnements, d'où ils
chassent les autres[1]. Il font un acte de propriété à peu
près analogue à celui des hordes primitives sur leurs
terrains de chasse ou de pêche.

Comme nous l'avons constaté, au fur et à mesure
que la personnalité humaine se développe et prend
conscience d'elle-même, la propriété s'individualise et
s'étend : elle passe de l'objet immédiatement préhensi-
ble, comme l'aliment ou la trique primitive, à des objets
en dehors du contact immédiat de l'homme. La propriété est socialement constituée quand un homme n'a
pas besoin de défendre par la force les objets qu'il considère comme lui appartenant. La loi sert à lui assurer
que si un voisin veut lui prendre son outil, son manteau,
son chien, sa hutte, son terrain ou les fruits de son
terrain, la force collective viendra à son secours pour
le protéger. Elle lui donne la faculté de dormir en paix

---

1. Espinas, *les Sociétés animales*. — Letourneau, *Évolution de la
propriété*, 13-36.

aux autres par des primes et des droits protecteurs;
quand il favorise par des privilèges certaines catégories d'individus au détriment des autres, il rétrograde
vers la civilisation de rapine et de violence. Et quand
les communistes révolutionnaires, comme M. Lafargue,
déclarent que leur objet prédominant est de confisquer
les propriétés existantes, ils se proclament eux-mêmes
criminels de théorie sans avoir le courage de la pratique.

Qui dit propriété dit hérédité. C'est en vertu de l'hérédité qu'un groupe humain, monde ou nation, prétend
à la possession de son territoire. Puis la propriété individuelle se dégage de la propriété collective; l'individu qui ne considérait comme lui appartenant que
l'objet qu'il avait dans la main, étend cette conception
dans l'espace et dans le temps. La notion d'hérédi..
est adéquate à la notion de prévoyance.

Vous voulez supprimer l'hérédité? Supprimez-vous
la donation? — Oui. — Supprimez-vous la mutation à
titre onéreux? — Vous hésitez! Je vends fictivement à
mon héritier, ou je lui remets de la main à la main.

Mieux la loi protège l'enfant qui ne peut se protéger
lui-même, meilleure elle est. Autrefois il était la chose
de ses parents; le code pénal le considère comme une
personne, en défendant de le vendre et de le tuer; le
code civil assure les droits pécuniaires à l'enfant conçu
et pas encore né.

Dans les idiomes germaniques, le mot « Erbe », héritage, était synonyme de propriété foncière : cette
confusion est logique.

CHAPITRE IV

La rente de la terre.

La théorie de Ricardo sur la rente. — Erreur. — L'homme s'approprie le terrain qu'il peut et non celui qu'il voudrait cultiver. — L'agriculture vampire. — Déphosphoration du sol. — La terre est un capital fixe. — Le taux de la rente est réglé par la loi de l'offre et de la demande. — Le propriétaire est un prêteur. — Bon marché du prêt du capital foncier au fermier. — Un paysan capitaliste doit plutôt devenir fermier que propriétaire. — La petite propriété donne une valeur fictive à la terre. — Rappo ts du fermier et du propriétaire. — Liberté réciproque. — Défaut du métayage. — Le privilège du propriétaire. — Il constitue le crédit du fermier.

Mais les collectivistes prétendent que c'est le propriétaire qui est un spoliateur. Un homme est à Paris, et touche tranquillement les fermages que lui paye un cultivateur qui, lui, travaille les pieds dans la boue, la tête au soleil. D'où lui vient cette rente? Et alors ils invoquent la théorie de Ricardo pour confirmer l'anathème de Rousseau contre le premier « qui, ayant enclos un terrain, s'avisa de dire : « Ceci est à moi! »

Ricardo (1817) a supposé que le premier propriétaire prenait le terrain de la meilleure qualité, et ne laissait aux autres que des terrains de qualité inférieure.

« Supposons que des terrains nᵒˢ 1, 2, 3, rendent,

14

moyennant l'emploi d'un même capital, un produit net de 100, 90 et 80 quarters (2ʰ,207) de blé. Dans un pays neuf, où il y a quantité de terrains fertiles, par rapport à la population, et où par conséquent il suffit de cultiver le n° 1, tout le produit net restera au cultivateur et sera le profit du capital qu'il a avancé. Aussitôt que l'augmentation de la population sera devenue telle qu'on soit obligé de cultiver le n° 2, qui ne rend que 90 quarters, les salaires des laboureurs déduits, la rente commencera pour les terres n° 1 ; car il faut qu'il y ait deux taux de profits du capital agricole ou que l'on enlève 10 quarters de blé, ou leur équivalent, du produit n° 1 pour les consacrer à un autre emploi. Que ce soit le propriétaire ou une autre personne qui cultive le terrain n° 1, ces dix quarters en constitueront toujours la rente, puisque le cultivateur du n° 2 obtiendrait le même résultat avec son capital, soit qu'il cultivât le n° 1, en payant 10 quarters de blé de rente, soit qu'il continuât à cultiver le n° 2 sans payer de loyer. De même, il est clair que, lorsqu'on aura commencé à défricher les terrains n° 3, la rente du n° 2 devra être de 10 quarters de blé ou de leur valeur, tandis que la rente du n° 1 devra atteindre 20 quarters; le cultivateur du n° 3 ayant le même profit, soit qu'il cultive le n° 2 en payant 10, soit qu'il cultive le n° 3 sans payer de rente. »

Ricardo conclut : « La rente est cette portion du produit de la terre que l'on paye au propriétaire pour avoir le droit d'exploiter les facultés productives et impérissables du sol[1]. »

1. RICARDO, *Principes d'économie politique*, chap. II, p. 43.

Cette théorie est basée sur la théorie des causes fina-
les. Elle suppose que la terre a été créée pour l'usage
de l'homme : par conséquent, il suffit que l'homme
l'occupe pour qu'elle lui rapporte immédiatement ce
qu'il lui demande.

Or, l'observation des faits prouve que les terres sont
fertiles pour elles, et non pour l'homme ; elles sont occupées par une végétation touffue, arbres et végétaux ;
elles sont souvent inondées, marécageuses, infestées de
miasmes, peuplées de reptiles et d'animaux féroces.

Pour qu'elles prêtent à des produits utiles à l'homme
leur fertilité, il faut d'abord que celui-ci les débarrasse
de leurs produits naturels. Ce premier travail prépa-
ratoire exige une grande dépense de force, du temps,
des outils, souvent des travaux d'ensemble, une absorption considérable de capitaux circulants. Certes, il est
facile de dire : « Ce terrain est à moi. » Le tout est de
l'occuper.

Il eût suffi de jeter les yeux sur les immenses terres
fertiles et non encore appropriées qui se trouvent sur
le globe, pour se convaincre de cette vérité ; mais on
aimait bien mieux se livrer à des discussions sans fin
sur la théorie de la rente. Un Américain, Carey,
bien placé pour observer la manière dont se fait l'appropriation des terres dans un pays neuf, s'est avisé le
premier de constater que l'appropriation, au lieu de
commencer par les terres les plus fertiles, commence
par les terres les moins fertiles.

L'homme, isolé, faible, ayant besoin d'une récolte
qui corresponde immédiatement à sa puissance de travail, défriche tout d'abord les terrains élevés, maigres,
friables, où il n'a point à lutter contre une puissante

végétation. Aux États-Unis, les premiers colons de race
anglaise s'établissent sur le sol stérile du Massachusetts,
où ils fondent la colonie de Plymouth ; puis à Newport,
Newhaven. Dans l'État de New-York, ils défrichent
d'abord l'île de Manhattan ; ils remontent le cours de
l'Hudson, mais toujours sur les hauteurs, et aujour-
d'hui les terrains les plus fertiles, mais qui exigeraient
de grands travaux de défrichement et de drainage, ne
sont pas encore occupés. Partout le même phénomène,
dans le New-Jersey, sur les bords de la Delaware, dans
la Géorgie, l'Alabama, la Floride, le long des rives du
Mississipi : celles-ci, sur des millions d'acres, sont
couvertes d'arbres magnifiques ; il est bien plus facile
de couper le petit pin des collines que de se débarras-
ser de cette végétation exubérante.

Le premier colon du Wisconsin s'est placé sur le
terrain le plus élevé, connu sous le nom du *Gros-Rem-
part*. Il est passé en axiome, aux États-Unis, que les
prairies humides sont la terreur du premier émigrant
et la richesse de son successeur.

C'est ainsi que les pauvres terrains de la Nouvelle-
Angleterre ont fait la fortune de leurs possesseurs, tandis que l'on recule encore devant les fertiles terrains
de la Basse-Virginie et de la Caroline du Nord, dont
le Marais-Terrible forme une partie.

Humboldt avait constaté le même fait au Mexique.
La végétation de la plaine étroite qui s'étend le long de
la côte est magnifique, mais d'autant plus funeste à la
vie animale. Aussi les Espagnols n'ont-ils fait de cette
plaine qu'un passage pour arriver à des districts situés
à une altitude plus haute, où les Indiens indigènes ai-
maient mieux soutenir leur existence par de pénibles

travaux de culture que de descendre dans les plaines. Dans toute l'étendue du Mexique et du Pérou, les traces d'une civilisation avancée sont confinées sur les plateaux élevés.

Même phénomène à Costa-Rica, au Nicaragua. Ce n'est pas dans la vallée de l'Orénoque que s'est placée Quito, mais sur un terrain élevé et sec. Pas une ville sur les merveilleuses rives de l'Amazone !

D'où les peuples aryens viennent-ils ? Ce n'est pas sans raison que la tradition les fait descendre des montagnes.

Quand le peuple égyptien a été puissant et fort, il a cultivé le delta du Nil ; puis, après la décadence de l'Égypte, il laissa les canaux se combler et peu à peu l'abandonna.

En Angleterre, quels sont les terrains les plus récemment cultivés ? Les marais de Lincoln. Ils sont également les plus fertiles.

En France, à l'époque de la conquête romaine, quelle est la plus grande ville ? Autun. Où Vercingétorix concentra-t-il tous les efforts des populations gauloises ? Dans le Morvan. Où trouve-t-on de grandes traces de l'occupation romaine ? En Auvergne, dans les Cévennes, en Bretagne, dans les pays pauvres et montagneux.

En cet épouvantable temps de misère du xiv° et du xv° siècle, la Beauce redevint forêt.

Voyez les fertiles plaines de la Hollande, ses gras pâturages, conquis sur la mer ; et aujourd'hui en France, à son imitation, ne faisons-nous pas de riches polders ! Mais depuis combien de temps et avec quelle lenteur !

L'homme s'approprie le terrain qu'il peut, et non celui qu'il voudrait cultiver.

Plus la culture devient intensive, et plus la qualité du
sol devient insignifiante. Pour un jardinier des environs de Paris, le sol n'est qu'un support. Les « qualités
primitives et indestructibles du sol », sur lesquelles Ricardo fondait sa théorie, ne comptent pour rien dans sa
valeur. Elles sont si peu indestructibles que Liebig a appelé avec raison l' « agriculture vampire » celle qui n'a
pas soin de les reconstituer après chaque récolte. Elle
fait le désert et elle explique, en partie, la ruine des
civilisations de la Mésopotamie, de la Sicile, de l'Espagne. Nous avons vu ruiner en Amérique les terres vier-
ges des Carolines, de la Virginie et de la Géorgie, et tous
les jours le cultivateur du Far-West est obligé de changer le champ d'exploitation sur lequel il récolte mai-
grement 13 hectolitres de blé à l'hectare. Les récoltes
absorbent une grande quantité d'acide phosphorique.
Si on n'a pas soin de le rendre à la terre, elle devient
stérile[1].

Si la théorie de Ricardo était juste, le premier occupant aurait laissé des descendants qui posséderaient le
terrain le plus fertile du monde, dont la rente serait la
rente type. Il n'existe pas.

En réalité, au point de vue de la production, la terre
est un capital fixe comme tous les autres capitaux fixes.
C'est un instrument de travail, un outil.

Il peut être exploité directement par son propriétaire.
Le propriétaire peut, au contraire, ne pas vouloir l'exploiter. Alors il en commandite un individu ; il le prête
à quelqu'un. Ce quelqu'un s'appelle un fermier, et l'intérêt qu'il paye s'appelle la rente.

1. Voir les divers ouvrages de M. Louis Grandeau sur les questions agronomiques.

Le taux en est réglé par la loi de l'offre et de la demande, comme tout autre prêt à intérêt.

Ce citadin a acheté une terre avec ses épargnes : c'est un fonds de placement. Il n'est pas laboureur. Que fait-il ? Il commandite un agriculteur en lui livrant ce capital : et il le lui livre dans d'excellentes conditions.

Le capital foncier mis à la disposition du fermier représente les 2/3 et souvent les 4/5 de la somme qui lui est indispensable pour exercer son industrie. Il paye 2 1/2, 3 0/0, rarement au-dessus. Y a-t-il une industrie, en France, demande avec raison M. Daniel Zolla, qui puisse se procurer dans des conditions aussi favorables une aussi grande proportion des capitaux qui lui sont indispensables[1] ?

Un laboureur ayant un capital suffisant pour acheter une petite propriété, sur laquelle il vivra petitement et chétivement, qu'il devra partager entre ses enfants, élèvera beaucoup mieux sa famille, vivra plus largement en employant son capital à « se monter » dans une ferme.

« Chez nous, disait Arthur Young, un homme qui a 200 livres (5,000 fr.) en disponible n'achète pas un petit champ : il monte une bonne ferme. » Et il avait raison. Une des plaies de l'agriculture française, c'est que le paysan qui a dix ou vingt mille francs, au lieu de louer une terre, en achète une et immobilise ainsi les capitaux qu'il aurait mieux fait d'employer à l'exploitation d'un sol emprunté.

Cette concurrence des acheteurs a une tendance à

1. *Les Questions agricoles*, p. 38.

capitaliser la terre à un chiffre trop haut. Il y a des pays, comme le Cantal, certaines régions du Limousin, dans lesquels la terre a pris une valeur disproportionnée à ses produits, parce que toute personne qui est allée gagner de l'argent au dehors le place en bien-fonds dans son pays natal.

Le fermier doit être libre sur sa terre. Le propriétaire ne doit pas plus s'occuper de la direction de la ferme que le commanditaire de l'administration d'une maison dans laquelle il a placé ses fonds ou qu'un créancier de l'usage que son débiteur fait de son argent. Le fermier a la responsabilité de son exploitation : il doit en avoir la direction exclusive. Le propriétaire doit perdre cette idée de patronat qui existe dans beaucoup de départements, où le fermier l'appelle : « Notre maître. »

Le métayage, que prône une certaine école, repose sur une base fausse : la dualité de direction, à moins qu'il ne soit réduit à une simple régie intéressée.

La part prélevée par le capital y est bien plus considérable que dans le fermage simple : elle place le cultivateur sous la dépendance du propriétaire, au lieu de lui laisser sa liberté d'action.

Si les collectivistes étaient mieux renseignés sur les détails de notre législation, ils ne manqueraient pas de crier contre l'article 2102 du code civil, qui accorde au propriétaire un privilège sur les fruits de la récolte de l'année, et sur le prix de tout ce qui garnit la maison ou la ferme et sert à l'exploitation de la ferme. Il a été un peu restreint par la loi du 19 février 1889. Mais je ne crois pas qu'on doive aller au delà : car « cet odieux privilège du propriétaire » constitue le crédit du fermier. S'il était supprimé, le propriétaire ne louerait plus qu'à des fermiers lui donnant des garanties sérieuses. Sa suppression aurait pour effet de rejeter dans le prolétariat agricole des personnes qui aujourd'hui peuvent trouver facilement à louer des terres, vivre à l'aise, élever leur famille, établir plus tard leurs fils et leurs filles.

On voit donc que, même « avec l'odieux privilège du propriétaire », le fermage n'est pas un instrument d'oppression pour le fermier, mais au contraire un instrument de développement, et qu'il est plus avantageux pour la généralité des cultivateurs de travailler avec des biens-fonds empruntés plutôt que sur leur propre terre. « L'instrument de travail au travailleur » ne fait pas son bonheur ; il attache trop l'homme : il restreint son initiative et son action.

A capital égal, le jeune ménage qui, entrant dans la vie, emploie des capitaux à l'exploitation d'une ferme, comprend mieux son intérêt que celui qui achète une maisonnette et un champ. L'augmentation de 18 0/0 du nombre des fermiers de 1862 à 1882, la diminution de 25 0/0 des métayers ou colons propriétaires, et de 3 0/0 des métayers ou colons non propriétaires, est une preuve de progrès[1].

1. Il est regrettable que les *résultats statistiques* du dénombrement de 1891 comprennent sous une seule rubrique les 1.192.000 fermiers, métayers et colons.

CHAPITRE V

La propriété foncière et le programme économique.

Défauts de la législation existante. — Pas de sécurité. — Les hypothèques. — L'*Act Torrens*. — Son application en Tunisie. — Conclusion des congrès de 89 et de 92. — La commission extraparlementaire du cadastre. — Son système. — Objections. — Mobilisation de la propriété. — Séparation de la personne et des droits réels. — La propriété doit être un objet de commerce. — La liberté de la terre depuis 89. — Notre programme est conforme à l'évolution humaine.

N'y a-t-il donc rien à réformer dans la constitution de la propriété foncière? Je le désirerais vivement : car notre but doit être d'établir des institutions définitives, qui suppriment les réformes à venir. Mais si notre code civil est un monument juridique dont l'ensemble est de beaucoup supérieur aux autres législations, il présente des lacunes à l'égard de l'immatriculation et de la transmission de la propriété et à l'égard des hypothèques.

Dupin pouvait dire en 1836 : « Celui qui achète n'est pas sûr d'être propriétaire; celui qui paye, de n'être pas obligé de payer deux fois; et celui qui prête, d'être remboursé. » Et nous devons constater que près de trois mille actions en revendication sont intentées chaque année; qu'il y a des régions en France où la transmission se fait sous seing privé et est dépourvue de tout caractère de certitude.

Bien plus, supposons un acquéreur convaincu que la méfiance est la mère de la sûreté. Il veut non pas même acquérir une terre à délimitations incertaines, mais une maison de ville parfaitement déterminée. Il va au bureau de la conservation des hypothèques; il vérifie toutes les transcriptions pour toute la liste des mutations; il s'assure que l'immeuble n'est pas grevé d'hypothèques du chef du vendeur ni de celui des auteurs successifs. Il demande à un notaire de soumettre à l'examen le plus minutieux tous les documents. Il va même jusqu'à la purge des hypothèques occultes. Il achète. Il fait opérer la transcription de son achat : et il n'est pas sûr d'être propriétaire.

Non, car les livres des conservations des hypothèques sont tenus par noms de personnes. Il suffit d'une interversion de noms, d'une irrégularité d'orthographe, d'une confusion de prénoms, et tous les renseignements donnés sont viciés. L'acquéreur a eu la situation d'un propriétaire vrai ou faux, il n'a pas eu la situation de l'immeuble. En outre, par des successions testamentaires ou légitimes, cet immeuble a pu passer sous des noms nouveaux sans que le conservateur en soit informé : les certificats qu'il donne n'ont qu'une valeur de copies. La transcription rend publique la transmission de la propriété, mais ne confère ni ne prouve la propriété. Qu'une donation soit révoquée pour survenance d'enfant, qu'une aliénation soit viciée par la violence ou le dol, ou consentie par un incapable, et toutes les transcriptions concernant l'immeuble en question sont illusoires.

En un mot, l'acquéreur ne peut trouver nulle part une garantie de la validité des transactions qu'il pourra opérer sur des immeubles. Il est obligé d'avoir recours à des recherches plus ou moins longues, plus ou moins onéreuses et plus ou moins aléatoires. De là, une timidité bien compréhensible; et comment se traduit-elle? Le prix de toute chose s'élève quand les acheteurs se pressent : il s'abaisse s'ils sont indécis et incertains, et le cours actuel de la valeur des immeubles est inférieur à celui qu'il obtiendra le jour où un procédé simple, rapide et sûr, donnera toute sécurité à la transmission de la propriété.

Ces faits ont été signalés depuis longtemps. Dans l'enquête de 1841, ouverte auprès des cours et des facultés de droit, toutes, sauf trois, adoptèrent, avec des nuances diverses, le principe de la publicité des hypothèques, et quelques-unes, comme les cours de Riom et de Montpellier, les facultés de Caen et de Paris, réclamèrent la constitution des livres fonciers ayant le cadastre pour base. Si la loi de 1855 présente certaines améliorations, on peut avancer sans témérité qu'il en reste d'autres à réaliser.

Très frappé de la nécessité de donner à la propriété plus de sécurité, plus de facilité de circulation et plus de crédit, je poursuis, depuis 1877, l'application en France du système de *Transfer of land* connu sous le nom d'*Act Torrens.*

Robert Torrens exerçait à Adélaïde les fonctions de directeur de l'enregistrement (*registrar general*) quand, en 1856, son attention fut frappée par un article d'un journal local, *the South Australian Register*, qui signalait les frais et les complications inhérents à tout

transfert de propriété immobilière, et demandait s'il
n'y aurait pas quelque moyen plus expéditif de trans-
férer la terre. C'est alors qu'il conçut son système.
Pour le faire prévaloir, il donna sa démission de directeur de l'enregistrement, fit partie de la Chambre des
députés de la colonie South-Australia, qui venait d'i-
naugurer le régime parlementaire, fit voter son projet;
puis, son but atteint, donna sa démission de député et
se fit nommer à la tête du nouveau département qu'il
venait de créer. L'opposition fut très vive, tant de la
part des fonctionnaires et des membres du gouvernement que de la part des hommes compétents, qui lui
déclarèrent, son père — le célèbre colonel Torrens qui
fut, en Australie, un des promoteurs du système Wake-
field, un des fondateurs de la colonie de South-Australia — tout le premier, qu'un semblable projet était
impraticable, et qu'en tout cas son promoteur se bri-
serait contre une force de résistance insurmontable :
celle des hommes de loi... On ne peut contenter tout
le monde et son père... Malgré les obstacles auxquels
il se heurta, Robert Torrens arriva à faire triompher
son système à Adélaïde en 1858, et bientôt même ce
système finit par envahir peu à peu tout le territoire
de l'Australie. Il a même atteint l'État d'Iowah, aux
États-Unis.

Qu'est-ce que le système Torrens ?

Robert Torrens conçut l'idée d'appliquer à la vente
du sol un système analogue à celui qui était en usage
pour la vente des navires. Son premier caractère, c'est
d'être « facultatif ». Libre à qui veut de l'adopter ou de
rester, s'il le préfère, sous le régime du droit commun.
Ce caractère, que certains publicistes ont considéré

comme étant la base même du système de l'Act Torrens,
n'a été qu'un moyen transitoire d'amener peu à peu
tous les propriétaires à en faire l'application. Ce n'est
qu'une question secondaire.

Tout propriétaire qui veut placer sa propriété sous
le système Torrens fait une déclaration au bureau
d'enregistrement. Ce bureau enregistre la déclaration
du propriétaire et lui demande la production de ses
titres et leur justification. Une purge légale est opérée, une certaine publicité a lieu, et, au bout de trois
ou six mois, s'il n'y a pas d'opposition, la propriété est
immatriculée. Un plan cadastral est établi, indiquant
tout à la fois la condition juridique et matérielle de
l'immeuble, mentionnant les charges dont il est grevé,
telles que servitudes, hypothèques, etc.; puis un certificat de titre est remis au propriétaire. A partir de ce
moment, et grâce à un capital de garantie dont nous
parlerons tout à l'heure, la propriété acquiert une
individualité propre et elle échappe à toute espèce de
risques. Si des revendications viennent à se produire,
il reste à ceux qui les formulent, en les justifiant, la
possibilité de recevoir des dommages-intérêts. Le caractère de la propriété n'est modifié en quoi que ce soit.
Voilà donc un propriétaire muni d'un titre de propriété
qui est exactement pour lui ce qu'est pour nous un titre nominatif de rente. Ce titre, le propriétaire l'a en
mains et constate un droit sur la solidité duquel il n'y
a pas de contestation possible.

Le propriétaire manque-t-il de récoltes, veut-il emprunter sur sa propriété, aussitôt il s'adresse à une
banque, où il peut facilement engager son titre, et on
lui prête sur le nantissement de ce titre.

Les banques auprès desquelles une enquête a été faite ont d'ailleurs déclaré que les prêts, dans de pareilles conditions, n'avaient jamais donné lieu à des difficultés.

Les moissons, les récoltes une fois vendues, l'emprunteur retire son titre ; et si, dans la suite, il se trouve de nouveau gêné pour faire des travaux nécessités par les exigences de la culture, il s'adresse derechef à son banquier, auquel il fait le dépôt de ce titre. Grâce à ce nantissement, il trouvera bien vite de l'argent disponible, et cela sans redouter les indiscrétions. De son côté, la banque est garantie, puisque le propriétaire ne peut en aucune façon disposer de la propriété du titre de laquelle il s'est dépossédé.

Supposons maintenant que le propriétaire veuille transmettre sa propriété. En France, c'est une assez grosse affaire. Les formalités nombreuses et coûteuses qu'occasionnent les mutations empêchent beaucoup de gens d'acquérir. En effet, comme acheteur, on est ennuyé par les délais, les formalités de tous genres, le manque de sécurité... On pense aux lenteurs, aux difficultés auxquelles on peut se heurter, quand viendra le moment de vendre à son tour. Les droits formidables d'enregistrement, les honoraires des notaires, qui élèvent les frais à 10 0/0, effrayent.

Avec le système Torrens, au contraire, rien de tout cela n'est à appréhender. On trouve partout des formules de toute espèce, avec la même facilité qu'on achète en France des timbres-poste ou du papier timbré dans les bureaux de tabac. Il suffit que le propriétaire transmette une de ces formules au bureau d'enregistrement, avec sa signature légalisée par le maire ou par tout fonctionnaire en tenant lieu, pour que la transmission puisse s'opérer. Il est dépossédé. Son acquéreur reçoit la formule de transmission et, contre remise du titre, à son tour il devient propriétaire. Il en est de même pour les hypothèques; il y a des formules aussi simples qui frappent le titre, et il suffit d'en adresser une au bureau d'enregistrement. De la sorte, le propriétaire est toujours au courant de sa situation hypothécaire, et, de son côté, celui qui veut contracter avec lui n'a qu'à demander la production du titre de l'emprunteur pour être exactement au courant de cette situation.

Il mobilise la propriété foncière; il la détache du propriétaire pour l'incorporer à un titre, à un titre facilement engagé et qui représente toujours la situation exacte du propriétaire.

En 1883, me trouvant à Tunis, je causai avec M. Cambon, un esprit très ouvert et très éclairé, de l'échec de la loi de 1872 en Algérie et des divers moyens propres à établir un meilleur régime de la propriété foncière en Tunisie. Le 14 décembre 1884, M. Cambon m'écrivit:

Depuis que j'ai eu le plaisir de vous voir à Tunis et de correspondre avec vous au sujet de l'*Act Torrens*, j'ai étudié ce document, dont je ne connaissais l'économie que par vos articles du *Globe* et du *Petit Colon*. Vous en donnez, du reste, une analyse très complète et très suffisante. Il m'a paru qu'en nous inspirant des idées de M. Torrens, nous pouvions résoudre facilement tous les problèmes qui se posent en Tunisie pour l'établissement de la propriété... Je suis convaincu du succès de notre loi immobilière. D'ici, elle passera en Algérie, et vous la verrez passer en France. Je ne désespère pas de voir, dans quelques années, les principes de l'*Act Torrens* s'infiltrer dans notre législation française. Vous avez, je crois, le premier, signalé les avantages de cette façon de procéder; vous suivrez donc notre tentative avec intérêt, et je vous tiendrai au courant de nos expériences.

Grâce à l'initiative de M. Cambon, cette loi fut appliquée à partir de 1885; je dois le dire, le texte définitif était loin d'être aussi bon que l'avant-projet de M. Cambon. Quelques complications, malheureusement, en restreignirent un peu l'application. Mais un décret du mois d'avril 1892 a simplifié la procédure, en abrégeant les formalités et en réduisant les frais d'immatriculation; au lieu de faire avancer les frais par le propriétaire, on a établi un système à forfait. Le conservateur de la propriété n'a plus qu'à s'occuper de la régularité au point de vue fiscal [1].

1. En Algérie, M. Dain, professeur à l'école de droit d'Alger, fut chargé de faire une étude sur l'application de l'*Act Torrens* en Tunisie et sur son application en Algérie.

En France, M. Charles Gide, professeur d'économie politique à la faculté de droit de Montpellier, a fait une communication très complète à la Société de législation comparée.

En 1887, M. Daniel, avocat général près la cour d'appel de Bourges, prit comme sujet du discours de rentrée : « Le *système Torrens* comparé au régime hypothécaire et au mode de transmission de la propriété immobilière. »

En 1888, M. de France de Tersant, conservateur des hypothèques, traduisit de l'anglais le rapport présenté, d'après les instructions du gouverneur des *Straits Settlements*, au comité de la législation de la colonie, par M. W. E. Maxwel, envoyé en Australie pour étudier l'application de l'*Act Torrens*.

La même année, M. Worms publia un livre sur la propriété foncière, M. Flour de Saint-Genis, conservateur des hypothèques, en publia un sur les hypothèques, et M. Georges Rondel un autre sur la mobilisation du sol en France.

En 1888, la faculté de droit de Paris mit au concours la

Un congrès international pour l'étude de la transmission de la propriété foncière fut tenu en 1889, lors de l'Exposition. Il fut dirigé avec une grande autorité et une grande largeur de vues par un vieux légiste, M. Duverger, professeur honoraire à la faculté de droit de Paris, qui se montra extrêmement jeune de caractère au point de vue de la réforme de notre législation foncière. J'extrais de son discours inaugural le passage suivant, qui indique l'objet des travaux du congrès :

« Le propriétaire a droit à la certitude de ne pouvoir être évincé quand, de bonne foi, il s'est conformé aux dispositions de la loi pour acquérir ; il a le droit de ne pas être gêné ni pour aliéner ni pour hypothéquer ; il a le droit de ne pas être exclu, par le vice de la loi, du prêt à long terme, remboursable par annuités. La société, d'autre part, est fondée à réclamer une circulation des immeubles telle que la propriété foncière arrive le plus tôt possible aux mains de ceux qui sauront le mieux en tirer parti. »

question suivante : « Du meilleur régime de publicité en matière de constitution et de transmission des droits réels et immobiliers. Les concurrents devront exposer et apprécier les différents systèmes adoptés en France et à l'étranger, notamment le système allemand et l'*Act Torrens*. »

Le prix fut remporté par M. Emmanuel Besson, fonctionnaire de l'enregistrement au ministère des finances, pour un travail qu'il a publié sous ce titre : *les Livres fonciers et la Réforme hypothécaire*, et qui doit se trouver dans les mains de toutes les personnes qui s'occupent de ces questions. Indépendamment de tous les renseignements relatifs à la propriété en France et à l'étranger qu'on y trouve, cet ouvrage a, de plus, le grand mérite de formuler des conclusions extrêmement nettes et précises, et d'indiquer très clairement la manière d'appliquer à la propriété en France un système analogue à celui de l'*Act Torrens*.

Le Congrès adopta les conclusions suivantes :

Établissement d'un livre foncier, réel et non personnel, avec le principe de la force probante ou principe de la légalité ;

Inscription au titre foncier constituant le titre irrévocable du droit, manifesté par l'inscription à l'égard de toute personne intéressée ;

Publicité et spécialité de toutes les hypothèques et privilèges ;

Publicité étendue aux actes déclaratifs et aux mutations par décès ;

Constatation de l'immatriculation par un certificat de titre remis au propriétaire, et de la cession de sa propriété à un tiers par un acte authentique de transfert ;

Toutes les inscriptions du registre foncier portées sur le certificat du titre.

Lors du congrès de 1892, composé de près de 600 membres, les notaires qui en firent partie s'imaginèrent que nous étions animés des intentions les plus perverses à leur encontre. Cependant ils votèrent la publicité et la spécialité des hypothèques[1].

M. Rouvier, ministre des finances, institua, le 30 avril 1891, la commission du cadastre. Dans le rapport qui précède le décret qui nommait cette commission, il fut bien spécifié qu'elle n'aurait pas seulement en vue un intérêt fiscal, mais qu'elle aurait encore pour objet d'étudier les différents modes de transmission de la propriété immobilière et la constatation des droits réels. Les études devaient comprendre, indépendamment de

---

1. Voir les rapports du congrès et tout particulièrement celui de M. Dansaert, président du conseil d'administration du Crédit foncier belge, sur l'*Immatriculation des immeubles*.

la réforme de notre système hypothécaire, l'ensemble des questions ayant trait à la propriété. Il s'agit de déterminer les propriétés, de conserver les effets de cette détermination; — et effets et déterminations fiscales et juridiques doivent être constatés dans un document public et authentique.

Quelle sera la valeur de ce document? Sera-ce un acte ordinaire, susceptible d'être annulé, ou, au contraire, sera-t-il inattaquable? Conférera-t-il au détenteur un droit à l'abri de toute contestation?

Cette question n'est ni plus ni moins que l'application du principe de l'*Act Torrens*, puisqu'il s'agit de constituer des livres fonciers et de donner la force probante aux titres de ces livres fonciers.

Cette commission du cadastre, composée d'hommes très éminents, recrutés non seulement dans l'administration, mais encore parmi les professeurs de droit, les spécialistes, les conseillers d'État, les membres du parlement, a voté d'importantes résolutions : le principe de la publicité et de la spécialité des hypothèques; l'abrogation de l'hypothèque judiciaire; l'indication que l'hypothèque légale et conventionnelle n'aurait d'effet que par son inscription; le principe des livres fonciers établis par *nature* de propriétés, et non par *noms* de propriétaires, avec la force probante.

Elle a adopté également le principe de la garantie.

Partout où l'*Act Torrens* a été établi, un fonds de garantie a été constitué pour protéger les propriétaires contre toute espèce de revendications. On objecte : « Mais alors, vous allez faire l'État assureur de la propriété? » Ce n'est pas exact; l'État assurera bien les propriétés, mais ce sera au moyen d'un fonds de garantie qui sera déposé, par exemple, à la Caisse des dépôts et consignations. A quel chiffre faudra-t-il établir ce fonds de garantie?

Dans les expériences qui ont été faites en Australie, une fois la propriété enregistrée, après les diverses formalités usitées, après la purge accomplie sous le contrôle du directeur de l'enregistrement, il a été reconnu que les revendications étaient insignifiantes. En Tunisie, où le fonds de garantie existe également, les réclamations sont nulles.

En France, si nous prenons la moyenne de nos mutations, voici ce que nous trouvons : 5 milliards et demi en chiffres ronds de mutations immobilières par an, ce qui représente à peu près 3,60 0/0 de la fortune immobilière de la France.

Une retenue de 1 franc pour 1.000 constituerait ainsi un capital de 5 millions et demi, ce qui serait très suffisant pour la formation d'un fonds de garantie.

Vient une quatrième question. Pour que vous arriviez à constituer un livre foncier, il faut, avant tout, que votre propriété soit parfaitement déterminée, non seulement au point de vue juridique, mais encore au point de vue fiscal. C'est alors que la question du cadastre se pose, et elle se pose avec d'autant plus de force que, d'après une enquête qui a été faite par la direction des contributions directes, la situation du cadastre en France s'est trouvée établie ainsi :

Sur 13.000 communes, représentant 20 millions d'hectares, soit les 2/5 du territoire, le cadastre n'existe pas.

Pour 22.000 communes, représentant 29 millions d'hectares, il y a un cadastre qui est plus ou moins bien tenu, mais à réviser. Enfin, pour 1.100 communes, le cadastre a été refait depuis moins de trente ans et peut servir de base sérieuse.

Nous avons donc, par conséquent, les 2/5 de la France pour lesquels il n'y a pas de cadastre ; puis nous avons 29 millions d'hectares pour lesquels il y a un cadastre tout à fait insuffisant. Sur 53 millions d'hectares, il y en a donc 49 millions pour lesquels le cadastre est à peine fixé.

Il est nécessaire de reviser le cadastre, à deux points de vue : au point de vue de l'exacte proportionnalité de l'impôt, au point de vue de la constitution de la propriété immobilière[1].

D'après les travaux de M. Charles Piat, actuellement chef du service topographique de Tunisie, et l'enquête de la commission technique, résumés dans un remarquable rapport de M. Cheysson, la réfection dont il s'agit exigerait un travail d'une quinzaine d'années. On prendrait un arrondissement, un département, une région, on procéderait ainsi qu'on le fait pour les cartes d'état-major, pour celles du service vicinal ; des feuilles successives viennent s'ajouter aux autres feuilles, et au bout d'une certaine période de temps, vous avez un ensemble complet.

La commission a admis le principe que, dans tous les arrondissements où la réfection du cadastre est accomplie, le système des livres fonciers doit être appliqué. La transformation du système de notre régime de la propriété foncière se ferait au fur et à mesure de l'avancement des travaux du cadastre, arrondissement par

---

1. Voir *Dictionnaire des finances*, article CADASTRE, par M. Arnaud ; *Dictionnaire d'économie politique*, article CADASTRE, par Yves Guyot.

arrondissement, jusqu'à ce que le dernier arrondissement laissé en blanc sur la carte fût terminé. Cette transformation aurait ainsi lieu sans aucune espèce de secousse ; peu à peu, de proche en proche, on arriverait à réaliser le nouveau régime. Notez bien que dans 1.100 communes, notamment dans les communes urbaines, Paris, par exemple, la loi pourrait être appliquée du jour au lendemain.

Dans ces conditions, on arriverait, sans aucune espèce de difficulté, à la constitution des livres fonciers, avec les droits réels, avec les certificats de titres ayant force probante. On ne s'apercevrait de cette révolution que par ses bienfaits, sans subir d'inconvénients.

Examinons maintenant quelles sont les objections que j'ai entendu formuler contre l'importation en France des livres fonciers avec force probante.

On a objecté, en premier lieu, que ce serait donner trop de mobilité à la terre ; que ce serait donner au propriétaire trop de facilités pour transmettre sa propriété et pour la grever.

Soit ; si je prends, par exemple, les petits propriétaires qui sont victimes d'une mauvaise récolte, est-ce qu'il n'est pas préférable qu'ils puissent, au lieu de s'adresser à l'usurier de village, emprunter facilement sur nantissement à des cours d'escompte qui ne soient pas élevés ? N'est-il pas évident qu'ils trouveraient ainsi un très grand avantage ?

Quant aux propriétaires, nous n'avons pas à les empêcher de vendre leurs propriétés. Le devoir de l'État n'est pas de forcer les gens à conserver leurs propriétés malgré eux ! Son devoir est de garantir à celui qui possède la sécurité de sa propriété, à celui qui achète la sécurité du titre qu'il possède. Le devoir de l'État est, avant tout, une fonction de sécurité à l'égard de tout le monde. Quant aux personnes auxquelles l'État garantit cette sécurité, elles peuvent faire de leurs propriétés ce que bon leur semble. L'État n'a pas à s'immiscer dans les combinaisons privées ; c'est aux particuliers à gérer leurs affaires au mieux de leur intérêts.

Si nous considérons le développement social de la civilisation, nous voyons l'individu détacher sa personnalité de plus en plus de sa propriété : l'ancien lien de l'homme et de la propriété a fait place aux titres au porteur.

La contrainte par corps, dans laquelle l'individu était lié à sa créance, a disparu.

Dans la société anonyme, l'individu et la chose sont complètement séparés. Porteurs de titres et administrateurs n'y sont engagés, sauf le cas de malversation, que pour une mesure déterminée et limitée d'avance.

Cette émancipation de l'individu à l'égard de la propriété constitue un progrès économique. Plus nous allons, plus la personnalité humaine se dégage de cette gangue.

Le mouvement général économique de l'humanité est de séparer de plus en plus l'homme de la chose, l'individu de ce qu'il possède ; et l'institution des droits réels, telle qu'elle ressort du système Torrens, est conforme à cette évolution.

Passons à une autre objection. On dit : « Mais il y a des habitudes, des situations acquises, comme, par exemple, celles des notaires : n'allez-vous pas y apporter une profonde perturbation ? »

Ma réponse sera facile. Avant tout, nous devons nous

préoccuper des intérêts généraux. Il n'y a pas de progrès qui ne provoque de crises. Tout progrès industriel lèse une industrie ; tout progrès commercial lèse un commerce qui avait une situation acquise. Le progrès, c'est une série de crises. Ce mode de transmission de la propriété est un progrès. Certaines situations en seront assurément atteintes ; mais on ne peut pas dire que la propriété soit créée pour la satisfaction exclusive des officiers ministériels, chargés de donner aux actes l'authenticité. La propriété intéresse tout le monde. Au surplus, les notaires auraient bien tort de s'inquiéter des résultats de cette transformation pendant les quinze années qu'elle pourra durer, attendu que, certainement, pendant ce laps de temps, de nombreuses transmissions de propriétés se produiront, ce qui sera pour eux une excellente occasion de donner un grand nombre d'actes d'authenticité. Ce sera donc pour les notaires, actuellement en possession de leurs charges, une source considérable d'honoraires.

Des propriétaires effarés prétendent, d'accord avec les socialistes, que ce système constituera la grande propriété comme en Angleterre ; or, la grande propriété y a été constituée par les concessions du roi, seul propriétaire théorique du sol anglais ; elle s'est agrandie et maintenue par les majorats et les substitutions, qui l'immobilisent, transforment la propriété d'un lord en bien de mainmorte. C'est parce que la propriété n'est pas libre que cinquante propriétaires ont plus de 100.000 acres chacun[1]. Ce n'est point le laisser-passer des économistes qui a constitué ces grandes pro-

1. Environ 33,000 hectares.

priétés : c'est l'immobilisation féodale; elle a contribué à la puissance d'expansion de l'Angleterre, parce que les capitaux qui ne pouvaient s'enfouir dans la terre ont dû chercher leur emploi dans l'industrie, la navigation, les entreprises lointaines; mais elle a ralenti l'évolution de la propriété. Bentham, Stuart Mill, Carey, ont constaté depuis longtemps que « le meilleur système de propriété est celui dans lequel la terre est le plus complètement un objet de commerce ».

Nous avons vu que la grande œuvre de la Révolution française, c'est d'avoir donné la liberté à la propriété. Roscher [1] constate que si la France s'est relevée après 1815, c'est grâce à la mobilisation de la propriété : et il montre qu'elle a été un des grands faits sociaux du siècle, pour lequel, il fallut, en France, la révolution de 1789; en Prusse, la catastrophe de 1806; en Espagne, la guerre de 1811; dans la plupart des petits États de l'Allemagne, la suppression de l'empire germanique ou les mouvements des années 1830 et 1848; en Autriche, la catastrophe de 1848 [2].

Nous voulons, légistes et économistes, continuer cette œuvre, et c'est pourquoi nous nous efforçons de donner à la propriété immobilière plus de sécurité, plus de facilité de circulation, plus de crédit.

1. *Économie rurale*, p. 392.
2. *Id.*, p. 477.

CHAPITRE VI

La propriété foncière et le programme socialiste.

Contradiction des socialistes entre eux et avec eux-mêmes. — La société et la nation. — La petite propriété. — Où commence-t-elle? — Où finit-elle? — L'étendue? — Un hectare place de la Bourse. — La valeur? — Défense de donner une plus-value à la terre. — Le droit, question d'arithmétique, suivant M. Jaurès. — Les partageux. — L'hypocrisie est un hommage à la vertu. — Moyens de séduction pour les paysans. — Reconstitution des biens communaux. — Ateliers nationaux agricoles. — Congrès de Marseille : partage. — Propositions Vaillant et Guesde : culture en commun. — Le programme du congrès du Havre. — Pas d'équivoque. — Déclarations de MM. Jules Guesde et Paul Lafargue. — Expropriation totale sans indemnité. — Par la violence. — « Le rouge drapeau du socialisme. » — La suppression de l'héritage n'est pas un moyen efficace. — L'état de guerre. — Pas de scrupules. — La nationalisation de la propriété en France et en Angleterre. — La dénationalisation du sol aux États-Unis. — M. Henry Georges. — Essais communistes. — Les *shakers*. — *Aurora*. — New-Harmony. — L'Icarie. — Les communistes de Belle-Ile. — Le Freeland du docteur Hertzga. — *Perinde ac cadaver.*

Je viens d'exposer le programme des réformes dont les économistes demandent l'introduction dans le régime foncier.

Il est plus difficile d'exposer le programme des socialistes et des communistes : car non seulement ils se contredisent entre eux, mais ils se contredisent avec eux-mêmes.

Les collectivistes classiques, les Allemands, ne parlent que « de la Société », terme vague à coup sûr. Embrassent-ils dans ce mot les quinze cents millions d'habitants qui s'agitent sur la surface de la terre, depuis les Fuégiens de la Terre de Feu, en passant par les Chinois, les Mogols, jusqu'aux Parisiens? Non. Alors, si « la Société » ne comprend pas l'ensemble de l'humanité, « cette Société » est donc une humanité fractionnée? La Société collectiviste est une tranche de la société générale? Comment la prennent-ils? La taillent-ils? où font-ils la coupure? Du moment qu'ils la font, « la Société » perd le caractère d'entité générale et surnaturelle qu'ils lui attribuaient.

Quand ils parlent de la Société, des droits et des devoirs de la Société, et les opposent aux droits de l'homme, ils attribuent donc à cette Société une existence propre, une vitalité spéciale, une grâce particulière que ne lui donnent pas les individus qui la composent, et ils n'oublient que de répondre aux questions suivantes : « Qu'est-ce que cette Société? où commence-t-elle? où finit-elle? »

M. Jaurès, pour y échapper, s'est servi du mot « la nation », mot plus simple, dont l'usage paraît plus pratique.

Mais ce mot détruit la conception même du collectivisme : car, qu'est-ce qu'une nation? C'est un groupe d'individus qui, liés par des circonstances diverses, résultant de facteurs multiples, le milieu, la race, la religion, les combinaisons politiques, occupent une certaine partie de la surface du globe. Ils sont propriétaires de ce morceau de terre; ils en ont le monopole; et si « la propriété est le vol », ils sont des voleurs, puisqu'ils dérobent à l'ensemble de l'humanité un terrain qu'ils sont résolus à défendre au nom du patriotisme.

Si M. Jaurès a refusé une adhésion formelle « aux sans-patrie », il reconnaît donc le devoir aux citoyens d'un pays de le défendre même par la force. Mais que font-ils là? Ils font acte de propriété.

Si M. Jaurès admet que la propriété est légitime pour un groupe, comment refuserait-il la même légitimité à un acte individuel? Considère-t-il comme illégitime un acte commis par un, et comme légitime un acte commis par plusieurs? En vertu de quel principe la propriété de l'individu serait-elle illégitime, et la propriété de la nation légitime? Est-ce l'addition ou la multiplication qui crée le droit? Le droit n'est-il qu'une opération d'arithmétique?

Si oui, un petit peuple est-il propriétaire légitime? A quel nombre de millions commence la légitimité? Le Danemark, la Grèce, sont-ils une fraction assez importante de l'humanité pour être propriétaires, ou la Chine a-t-elle deux ou trois cents fois plus de droits qu'eux? Et alors quel est le droit de la république de Saint-Marin?

« Tout cela est absurde! » me dit non seulement quelque socialiste, ennuyé de me voir pousser son raisonnement à ses dernières conséquences, mais encore quelque dilettante qui suit la discussion en amateur.

Je leur répondrai à l'un et à l'autre que ce n'est pas de ma faute si toutes les questions de droit se réduisent, dans les envolées du philosophe Jaurès, à une question de chiffres.

Par une bizarre contradiction, ses amis et lui paraissent avoir d'autant plus de respect pour la propriété de la collectivité, que cette collectivité est plus étendue. Mais quand il s'agit de la propriété individuelle, la thèse change.

Lisez ses articles de la *Dépêche*, son discours-programme du 21 novembre 1893, M. Jaurès proteste partout de son respect pour les petits propriétaires. Ceux-ci, il les couve de son amour, espérant que s'il leur donne la conviction qu'il respectera leur propriété, ils se réveilleront collectivistes : singulière logique, qui montre de la part de M. Jaurès une forte méfiance à l'égard des illusions qu'il essaye de créer, puisque, pour les attirer à lui, il ne leur dit pas : « Vous perdrez votre propriété, qui sera prise par la nation; » mais il leur dit : « Vous partagerez et prendrez pour vous les propriétés des autres. »

Mais où commence et où finit la petite propriété?

Est-ce l'étendue qui sert d'étalon à M. Jaurès? Un are de terre sur la place de la Bourse de Paris ou seulement à Vaugirard a une plus grande valeur que des centaines d'hectares sur les landes de Lanvaux, en Bretagne. Tel hectare dans le Médoc vaut plus que des centaines d'hectares dans les régions toutes voisines.

D'après M. Jaurès, le propriétaire de l'are de terre place de la Bourse ou d'un hectare dans le Médoc sera-t-il un petit propriétaire?

— Non, me répond-il.

— Alors vous prenez la valeur pour mesure; car il

n'y a que l'une de ces deux normes qui puisse établir des échelles de comparaison entre la grande ou la petite propriété. •

Un compte rendu de la Société nationale d'agriculture dit que M. Chambrelent, en créant 300,000 hectares de pins dans les Landes, transforma ce pays; qu'un petit paysan qui, précédemment, vivait uniquement de la vente de quelques pains de résine, se trouva très riche, surtout au moment de la guerre de Sécession; qu'on vendait dix mille francs un hectare ayant dix ans de plantation [1].

Avant M. Chambrelent, ce petit paysan avait droit au respect de M. Jaurès. C'était un ami. Après M. Chambrelent, il récolte le mépris de M. Jaurès, proportionné à la plus-value de ses plantations et de sa récolte de résine.

Je n'examine pas cette singulière manière d'encourager les progrès de l'agriculture qui consiste à frapper d'anathème quiconque fera une amélioration à sa propriété ou commettra le crime de vouloir l'arrondir. Je me borne à constater que, pour M. Jaurès, le droit n'est qu'une question d'arithmétique.

M. Jaurès reconnaît que la propriété est un acte légitime pour un individu qui possède une unité dont jusqu'à présent il a oublié de donner la définition. Et s'il possède deux unités? et s'il en possède trois? s'il en possède quatre? dix? M. Jaurès n'a point encore fait connaître la mesure qu'il a décrétée. Et s'il en possède cent? Oh! je n'en sais rien; mais M. Jaurès doit bondir et déclarer qu'à cent la propriété est illégitime, que le

1. *Journal officiel* du 21 novembre 1893.

propriétaire est un voleur, que sa propriété doit lui être enlevée et donnée à d'autres.

Donc, un acte légitime devient illégitime s'il est répété; un individu est dans son droit quand il possède un terrain d'une certaine étendue ou d'une certaine valeur; il devient criminel si la valeur de ce terrain augmente ou s'il essaye d'en augmenter l'étendue.

Des actions non seulement innocentes, mais louables, l'addition et la multiplication les transforment en actions criminelles; la soustraction, en actions vertueuses; et M. Jean Jaurès trouve qu'il n'y a pas dans les événements quotidiens de la vie, dans les partages de famille, dans les accidents météorologiques qui provoquent de mauvaises récoltes, dans les fléaux qui tout d'un coup s'abattent sur une culture, comme le phylloxera, assez de causes de soustractions : il y ajoute la confiscation par ses amis et lui quand ils seront au pouvoir!

Que M. Jaurès parle à la fois de garantir la petite propriété et de supprimer la grande propriété, de maintenir la coexistence de la petite propriété individuelle et de la propriété communiste, je n'en suis pas étonné. C'est là un procédé. Il s'agit, pour lui, de séduire les petits propriétaires de la campagne et de leur promettre les dépouilles des grands propriétaires. Cette politique est un hommage à la propriété individuelle, comme l'hypocrisie est un hommage à la vertu. Naïvement, au congrès de Tours (novembre 1894), MM. Rozier et Lavy ont retourné les cartes et montré grossièrement leur politique. Ils ont dit qu'il fallait séduire les petits propriétaires, et ils ont même étalé ouvertement leurs formes de séduction.

D'abord il faudra employer des ménagements. On ne prend pas des mouches avec du vinaigre. Tartufe ne devient arrogant que quand il est le maître de la maison. Il faut s'insinuer en se glissant comme le reptile.

Et M. Rozier a tracé le manuel du séducteur.

On ne commencera pas à parler au petit propriétaire des bienfaits de la propriété commune à tous. Non : il risquerait de prendre sa fourche et de vous montrer la porte.

On lui dira que l'impôt est trop élevé, que les visites au percepteur sont toujours ennuyeuses. Quoique les tarifs des chemins de fer aient été réduits et l'impôt sur la grande vitesse supprimé depuis le 1er avril 1892, on leur promettra des transports avec des tarifs à meilleur marché. En même temps qu'on leur promettra des diminutions d'impôt, on leur promettra des augmentations de dépense de la part des communes, qui devront se charger des machines à battre et du taureau banal, en attendant le moulin banal et le four banal du bon vieux temps.

Puis on reconstituerait les biens communaux et le domaine national en mettant « un gros impôt sur les grosses successions ». Avec ce domaine national, on rétablirait les ateliers nationaux qui ont tué la République de 1848 et ont abouti aux journées de juin. L'État créerait « des dépôts de marchandises », et deviendrait ainsi le concurrent des propriétaires et agriculteurs, et se servirait des impôts prélevés sur eux pour les écraser. Louis Blanc, qui, dans son *Organisation du travail*, avait préconisé ce beau système, concluait aussi naïvement que judicieusement : « Du reste, la lutte ne serait pas longue. »

Cette tactique avait déjà été employée au congrès de Roanne (1882), qui déclare que « seules les grandes propriétés seraient expropriées ». Le congrès de Roubaix (1884) reprit : « Les socialistes laisseraient leurs instruments de travail au petit producteur. » Les communistes ont plusieurs attitudes, qui prouvent de deux choses l'une : ou l'incohérence de leurs doctrines, ou la duplicité de leur propagande. Le programme du dixième congrès national du parti ouvrier, tenu à Marseille en septembre 1892, et « destiné à rallier au socialisme les travailleurs des champs », dit :

- Attribution par la commune des terrains concédés par l'État, possédés ou achetés par elle, à des familles non possédantes, associées et simplement usufruitières, avec interdiction d'employer des salaires.

Une proposition signée de MM. Ed. Vaillant, Jaurès, Jules Guesde et de vingt et un de leurs collègues (24 octobre 1894), tend à affecter 40 millions par an à la reconstitution du domaine communal, si cher à M. Paul Lafargue, et à sa mise en exploitation par les municipalités.

Mais dans ce projet il n'y a plus de répartition des biens communaux. « Ils sont cultivés et exploités par un comité, nommé et contrôlé par le conseil municipal, » à l'aide d'ouvriers. « Le conseil municipal, d'accord avec eux, détermine et les conditions de leur travail et le salaire minimum de ce travail. »

Ce sont là les préparations contradictoires de la révolution sociale qui engloutira la propriété, « création de l'instinct égoïste et de l'abus de la force », selon le programme du congrès du Havre de 1880,

qui est la charte du parti collectiviste, et dont voici le
texte complet :

RÉSOLUTIONS DU CONGRÈS TENU AU HAVRE, SALLE DE
L'UNION LYRIQUE, NOVEMBRE 1880. — QUATRIÈME CON-
GRÈS NATIONAL OUVRIER.

Première question. — De la propriété.

Considérant qu'il n'y a d'émancipation possible pour les
travailleurs que dans la possession de l'instrument de travail et de la matière première ;

Considérant que cette possession des moyens de production ne saurait être individuelle pour deux raisons :

1º Parce qu'elle est incompatible avec les progrès et l'état
même de la technique industrielle et agricole (division du
travail, machinisme, vapeur, etc.);

2º Parce que, ne fût-elle pas antiéconomique, elle ne
tarderait pas à donner lieu à toutes les inégalités sociales
d'aujourd'hui ;

Considérant que cette possession ne saurait être davantage corporative ou communale, sans entraîner tous les
inconvénients de la propriété capitaliste d'aujourd'hui,
c'est-à-dire l'inégalité des moyens d'action entre les travailleurs, le désordre dans la production, la concurrence ho-
micide entre les groupes producteurs, etc. ;

Considérant, d'autre part, que cette prise de possession
ne peut être opérée que par la révolution sociale ;

Considérant que cette révolution doit avoir pour but la
réalisation de la justice sociale, en garantissant à tout être
humain le libre et entier développement de toutes ses facultés, la complète satisfaction de tous ses besoins ;

Que le premier besoin de l'homme est la liberté, que sa
garantie est l'égalité ;

Attendu que la production (par la division du travail)

sera pour quelque temps encore, au lendemain de la révolution, une entrave à l'entière indépendance de l'homme;

Que, par conséquent, la liberté ne saurait exister sans la mise à la libre disposition de tous, de la production sociale,

Le congrès national ouvrier socialiste du Havre (4ᵉ section) déclare nécessaire l'appropriation collective, le plus vite possible et par tous les moyens, du sol, du sous-sol, des instruments de travail, cette période étant considérée comme une phase transitoire vers le communisme libertaire.

Adopté par 48 voix contre 7 (4 absences).

Deuxième question. — Le salariat.

Le congrès national ouvrier socialiste réuni au Havre en 1880,

Considérant que la réunion des délégués au 4ᵉ congrès national socialiste ouvrier a reconnu qu'il n'y avait aucune réforme possible qui puisse non seulement changer, mais même améliorer la position des salariés;

Considérant qu'il a été reconnu également que le seul moyen de transformer les conditions du travail est de supprimer entièrement l'organisation abusive du salariat, cette dernière forme de l'esclavage;

Considérant que la nouvelle organisation sociale ne peut avoir pour base que l'appropriation collective du sol, sous-sol, instruments de travail ou de production, déclare :

Que le seul but que doivent se proposer les salariés est d'arriver le plus tôt possible à cette transformation.

Pour atteindre ce but, le congrès déclare que les travailleurs doivent s'organiser en parti entièrement distinct, opposé à la bourgeoisie, en formant le plus grand nombre possible de chambres syndicales, groupes, sociétés ouvrières, cercles d'études ou toute autre forme de groupes révolutionnaires établis dans chaque localité, s'unissant par cantons et se fédérant par région.

Considérant, en outre, que, pour arriver à leur affranchissement, il est nécessaire que les travailleurs aient le temps de s'occuper de leurs intérêts et de la chose publique, le congrès conseille de faire de l'agitation pour la réduction de la journée de travail à huit heures.

Adopté par 50 voix contre 2 et 4 abstentions motivées (3 absences).

Considérant en outre que les grèves sont les conséquences fatales de l'ordre social actuel, et un moyen d'agitation, d'action et d'organisation, le congrès invite les travailleurs à former, dans toutes les villes, un comité permanent des grèves. Dans les localités où il y a des comités fédéraux, ceux-ci pourront se constituer en comité des grèves. Le congrès invite aussi les travailleurs appartenant à des localités où la fédération des groupes n'est pas encore faite, à pousser à la constitution immédiate de cette fédération;

Considérant enfin qu'il est urgent que le peuple travailleur sache que faire et comment s'organiser, lorsqu'il aura conquis son affranchissement, pour fonder la société nouvelle, la commission de salariat propose de mettre à l'ordre du jour du prochain congrès:

De l'organisation sociale au lendemain de la Révolution.

Il n'y a pas d'équivoque dans ce programme : il ne reste nulle place à la propriété individuelle.

MM. Jules Guesde et Paul Lafargue, dans leur brochure intitulée : *le Programme du parti ouvrier* (1890), confirment :

La classe productive, sans distinction de sexe ni de race, ne sera libre, c'est-à-dire maîtresse d'elle-même et de tout ce qui existe et est né de ses œuvres, que lorsqu'elle aura détruit l'appropriation individuelle des moyens de production et lui aura substitué l'appropriation collective ou sociale.

16

Et M. Jules Guesde reprenait, dans son discours à la Chambre des députés (20 nov. 1894) :

Il faut lui substituer le collectivisme social, la propriété collective de toute la société, de toute l'humanité.

Quant aux moyens pour arriver à ce communisme, les socialistes et les communistes varient selon le public auquel ils s'adressent.

Dans une brochure intitulée : *Collectivisme et Révolution*, Guesde disait :

L'expropriation avec une indemnité est donc une chimère autant, sinon plus, que le rachat. Et quelque regret qu'on puisse en éprouver, quelque pénible que paraisse aux natures pacifiques ce troisième et dernier moyen, nous n'avons plus devant nous que la reprise violente sur quelques-uns de ce qui appartient à tous, disons le mot : la Révolution.

Il ajoutait :

Des capitaux qu'il s'agit de reprendre à quelques-uns, comme la terre, ne sont pas de création humaine ; ils sont antérieurs à l'homme, pour lequel ils sont une condition *sine qua non* d'existence. Ils ne sauraient, par suite, appartenir aux uns à l'exclusion des autres, sans que les autres soient volés. Et faire rendre gorge à des *voleurs*, les obliger à restituer, a toujours et partout été considéré, je ne dis pas comme un droit, mais comme un devoir, le plus sacré des devoirs.

Cette logomachie est extraordinaire quand on se donne la peine de l'analyser ; mais les collectivistes et socialistes ont bénéficié du dédain dans lequel on les a tenus.

Si le vol est un crime, comment M. Jules Guesde et ses amis présentent-ils comme vertueuse l'expropriation violente qu'ils réclament? Cette « expropriation sans indemnité » s'est appelée vol jusqu'à présent.

D'après M. Guesde, est-ce que le vol ne serait une action blâmable que lorsqu'il est commis isolément? Le vol serait-il une action vertueuse s'il est opéré collectivement ?

Comment concilier les termes de cette prédication qui, à la fois, condamne et prêche le vol ?

M. Benoît Malon dit :

Il faut en finir avec le propriétaire. Le voleur-propriétaire n'est pas comme le voleur d'un cheval ou d'une somme d'argent dont le crime cesse avec l'acte[1].

M. Benoît Malon, prévoyant, avec une certaine perspicacité, que ce propriétaire ne se laisserait pas faire, ajoute :

On n'arrivera jamais à convaincre la bourgeoisie moderne qu'elle doit se prêter à la socialisation des capitaux. C'est la force qui décidera de cette question, en dernière analyse; la force, l'accoucheuse des sociétés nouvelles, dit Marx.

Il ne s'agit donc pas d'être réformiste ou révolutionnaire : il faut être réformiste et révolutionnaire. Nous ne laisserons pas faiblir en nous l'esprit révolutionnaire[2].

Ce n'est certainement pas M. Paul Lafargue qui démentira Benoît Malon, puisqu'il dit :

Les paysans rallient aujourd'hui le rouge drapeau du socialisme, pour recommencer la Révolution sociale qui expropriera et qui réparera les crimes de la Révolution de 1789.

---

1. Benoît Malon, *l'Évolution de la propriété et le socialisme* (*Revue socialiste*; 1er sem. 1890, p. 435).
2. *Le Nouveau Parti*, p. 80.

M. Paul Lafargue n'accepte l'impôt progressif que comme un instrument de confiscation bien insignifiant; et dans le *Peuple* de Lyon et le *Peuple* de Bordeaux, il disait [1] :

« Rassurez-vous, l'impôt sur l'héritage n'est pas le socialisme ; la suppression de l'héritage n'est pas le socialisme.

M. Paul Lafargue ménage ses effets; il va *crescendo*. M. Lafargue avoue en même temps que lui et les docteurs du socialisme, à certains moments, n'ont pas hésité à tromper les badauds sur le vrai caractère et la portée de leur œuvre :

Quand, avec Marx et Engels, nous avons rédigé le programme du parti ouvrier, c'était une concession que nous faisions aux démocrates bourgeois d'y inscrire, à l'article 12, l'abolition de tout héritage dépassant 20,000 fr.

Le bon bourgeois, si démocrate qu'il soit, trouve peut-être que « l'abolition de tout héritage dépassant 20,000 fr. » pouvait être un maximum. Il se demande ce que M. Paul Lafargue peut exiger de plus. M. Paul Lafargue consent à le lui dire :

Un gouvernement révolutionnaire n'aurait pas la patience d'attendre que les capitalistes meurent de leur vilaine mort pour les obliger à restituer les richesses qu'ils ont volées aux travailleurs.

Cette phrase est caractéristique de l'état mental des vrais docteurs du socialisme. Tout ce qui touche aux capitalistes est vilain, y compris la mort: d'où il résul-

1. Décembre 1894.

terait qu'elle serait agréable et séduisante quand elle s'adresse aux non-capitalistes. Cependant La Fontaine nous a montré que telle n'était point l'opinion du bûcheron, si misérable qu'il fût. Mais M. Lafargue n'a pas la patience d'attendre l'ouverture des successions pour mettre la main sur les biens des capitalistes : c'est le vif que doit saisir le gouvernement révolutionnaire. M. Lafargue n'admet ni délai ni atermoiement pour la consfication.

Si les collectivistes, MM. Jules Guesde et M. Lafargue, avaient l'audace de leurs procédés, ils justifieraient la multiplicité de leurs langages, quant aux moyens et quant aux conséquences de cette confiscation, en disant :

« Parfaitement! nous avons deux langages, parce que chacun de ces langages peut nous servir selon les circonstances. Dans l'un, nous parlons aux ouvriers des villes; dans l'autre, aux paysans : nous adaptons notre instrument au but que nous voulons atteindre.

« Notre but est la conquête violente ou pacifique du pouvoir politique et économique au profit exclusif de nos amis et de nous; nous employons les arguments qui peuvent nous aider. »

MM. Guesde, Lafargue et leurs amis ont rejeté hautement, ouvertement et systématiquement les vieux scrupules qui retenaient, au moins en apparence, les socialistes de 1848. Ils n'ont quelque déférence que pour Blanqui, qui personnifie la conspiration et l'appel à la force. Ils ont déclaré que la révolution à laquelle ils travaillent ne peut pas être pacifique, et l'état de guerre n'autorise-t-il pas toutes les ruses, toutes les manœuvres, tous les guets-apens, tous les déguisements, toutes les surprises, tous les pièges?

Pour juger la morale des socialistes-collectivistes-révolutionnaires, il ne faut jamais oublier qu'ils se considèrent comme des assiégeants de tout ce qui n'est pas à eux. Ils ont la morale des gens qui se préparent au pillage. Leur demander des raisonnements qui se tiennent, quelque respect pour les faits et les idées, quelque franchise dans leur politique, c'est de la naïveté.

Mais pourquoi déposséder de leurs propriétés des gens qui ont la faiblesse d'y tenir? pourquoi passer par des phases violentes pour arriver à goûter les charmes du « communisme libertaire »?

Il y a encore beaucoup de terres sur la surface du globe qui n'attendent que des occupants. Comment se fait-il donc que pas un de nos socialistes n'ait eu l'idée de faire appel à ceux qu'il a convaincus et d'aller fonder une cité communiste qui se suffirait à elle-même, puisque c'est là l'idéal?

Vers 1880, je reçus la visite d'un délégué d'une association anglaise qui voulait propager les idées de M. Henry Georges. Je fus stupéfait de ne trouver dans son livre : *Progress and Liberty*, que les idées, à peine habillées à neuf, des socialistes de 1848. Il me demanda mon concours pour organiser les conférences de M. Henry Georges. Je lui répondis :

« Mais, aux États-Unis, il y a toute une partie du sol qui est encore nationalisée; le gouvernement ne cesse de l'individualiser. En 1870, il y avait 407,000,000 d'acres transformés en exploitations privées; en 1800, 536,000,000. Pourquoi, au lieu de venir demander à la France de nationaliser la propriété, M. Henry Georges n'emploie-t-il pas toute son action pour empêcher le gouvernement des États-Unis de *dénationaliser* sa propriété indivise? »

Cet argument parut l'étonner; mais il n'insista pas auprès de moi pour me faire l'introducteur de M. Henry Georges en France; et celui-ci n'a pas enrayé la dénationalisation du « public territory »; car, d'après le *census* de 1890, le nombre des propriétés privées comprenait 623,000,000 d'acres, soit une augmentation de 87,000,000 d'acres en dix ans.

Est-ce là une preuve de l'évolution vers le communisme dont parle M. Lafargue? Il y a bien eu quelques colonies communistes. En Amérique, le sol ne leur manquait pas; elles pouvaient s'isoler tout à leur aise, bannir le commerce, se suffire à elles-mêmes. Il y en a eu : que sont-elles devenues?

Il y en a eu qui ont été agglomérées par la religion : les unes ont péri faute de ressources, d'autres faute de recrutement, comme les *shakers*, existant depuis plus d'un siècle, mais astreints au célibat; comme les Harmonistes ou Rappistes d'Economy, près de Pittsburg.

Il y en a qui, modelées sur le système du Paraguay, comme celle d'Aurora dans l'Orégon, se composent de travailleurs et de bénéficiaires.

Il y en a eu de purement civiles. Owen essaya, dans l'Indiana, le phalanstère de New-Harmony. Cabet essaya d'appliquer les idées de Fourier au Texas. Ce ne furent point les capitaux qui manquèrent à cet essai. Après un premier échec, une partie des Icariens alla se fixer à Nanvoo, ancienne ville des Mormons. Mais une scission se produisit : la minorité se plaignit d'être opprimée par la majorité. Quand Cabet essaya de localiser l'harmonie universelle dans la cité nouvelle, il n'éprouva que des déceptions; son autorité fut méconnue; il fut obligé de se retirer à Saint-Louis, où il mourut isolé, en 1856, se demandant si l'œuvre qu'il avait tentée n'était pas une chimère. J'ai connu Victor Considérant; quoiqu'il eût pris part à cet essai, il n'en parlait jamais; et, par discrétion, on n'osait l'interroger.

Un ancien ouvrier lyonnais, élu représentant du peuple, M. Sébastien Commissaire, prisonnier à Belle-Ile à la suite de la journée du 13 juin 1849, a raconté les grandeurs et la décadence d'un essai de communauté que ses compagnons et lui essayèrent de réaliser[1].

« Les sociétaires s'engagèrent à verser au compte du trésorier tout l'argent qu'ils avaient au greffe de la prison et celui qu'ils recevraient par la suite. Ils s'engageaient à confectionner des objets en paille, des chaussons ou tout autre travail. Tous les objets fabriqués devaient être vendus au profit de la communauté, les sociétaires ne devant avoir aucun pécule individuel. En échange, les membres de la communauté devaient recevoir chaque jour, aux frais de la caisse sociale, un demi-litre de vin ou un quart de litre, selon l'importance du fonds commun; les fumeurs et les priseurs recevraient du tabac pour leur consommation; du papier et des timbres-poste étaient mis à la disposition des sociétaires qui voudraient correspondre avec leurs familles. Le travail et les repas avaient lieu en commun.

« Au début, les sociétaires étaient tous contents : la caisse était bien garnie; quelques citoyens avaient fait des versements relativement considérables.

1. *Mémoires* de Sébastien Commissaire, ancien représentant du peuple, 2 vol. in-18.

« Le deuxième mois, les ressources baissaient ; il fallut diminuer les rations de vin et de tabac.

« Le troisième mois, la société périclitait ; puis elle se disloqua et s'effondra complètement. »

M. Sébastien Commissaire, qui, quoique communiste, savait se rendre compte des faits, explique fort bien les motifs de ces deux phases :

« Un certain nombre d'individus ne s'étaient mis dans la société que dans l'espérance d'avoir du vin et du tabac ; aussitôt que les distributions cessèrent, ils se retirèrent.

« Beaucoup de sociétaires recevaient chaque mois de leurs familles une somme de dix, quinze, vingt francs et même davantage pour subvenir à leurs besoins. Aussitôt qu'ils furent organisés en société, ils écrivirent à leurs parents de réduire de moitié ou de supprimer leurs envois mensuels, parce qu'ils n'avaient plus besoin d'argent, la caisse sociale devant leur fournir du vin, du travail, etc.

« D'un autre côté, le travail ne se faisait ni aussi bien ni aussi vite que du temps où chaque sociétaire travaillait pour son compte.

« Cet essai de communauté, suivi bientôt d'un insuccès, contribua à décourager quelques citoyens, et fit perdre aux idées communistes un terrain qu'elles ne regagnèrent jamais dans la prison. »

L'administration de la prison avait mis à la disposition des trente détenus du petit quartier un préau, un jardin. C'était le cas d'essayer la culture en commun. Pas du tout : il fut décidé que si une partie était réservée pour la promenade, l'autre serait divisée en trente parts, dont chacun pourrait faire un petit jardin ou qu'il pourrait céder, s'il n'avait pas de goût pour l'horticulture. Sur les trente détenus, la moitié aliéna sa propriété.

Voilà des essais communistes relatés par un ancien communiste de Lyon. Il y a encore beaucoup de millions d'hectares d'inoccupés sur la surface du globe. MM. Paul Lafargue, Jaurès et Jules Guesde feraient bien d'aller, sur un coin disponible, fonder une nouvelle Icarie et s'assurer, par une expérience limitée, de la possibilité de soumettre un pays comme la France au collectivisme. Mais ils ne répondront pas à cette invitation. Ils aiment mieux les mots que les faits.

Ni eux, ni personne parmi leurs amis, n'ont eu l'idée de se joindre aux quatorze Autrichiens, aux quatre Anglais, au Danois et à l'Américain qui sont partis, au mois de mars dernier, de Hambourg pour Lama, port situé sur la côte orientale d'Afrique, à environ 2 degrés au-dessous de l'équateur, dans le but de s'établir sur un territoire qu'ils ont appelé Freeland (Terre libre), et là, sous la direction d'un Autrichien, le docteur Hertzka, de faire un essai d'organisation communiste sur les bases suivantes.

La terre n'appartient ni à la communauté ni aux individus, mais chacun en use librement. Les travailleurs individuels ou les groupes de travailleurs ont tout ce qu'ils produiront, mais ils sont tenus d'accepter la participation dans leur travail de tout membre de la société qui la réclame.

Il n'y a pas de propriétaires percevant des fermages, ni de capitalistes percevant des revenus. Il n'y a qu'une taxe, prélevée sur le revenu et destinée à pourvoir aux dépenses de la collectivité, à l'éducation des enfants, à l'assistance de ceux qui ne peuvent travailler, aux chemins de fer, à la poste et à l'installation de nouvelles industries, de manière que le capital nécessaire ne touche pas d'intérêt. Un comité central, élu par l'entière communauté, administre le produit de l'impôt; il prend les produits des divers groupes ou des divers métiers.

On suppose que, d'après cette méthode, les membres de la communauté s'annexeront aux groupes dont les profits seront les plus grands, d'après une comptabilité sur laquelle nous n'avons pas de renseignements; qu'il en résultera une égalité pratique dans la rémunération du travail. Il n'est pas dit cependant que cette rémunération prendra toujours la forme d'argent ou d'une répartition de produits, parce qu'il y a telles associations qui pourront préférer pour salaire plus de loisir ou plus de plaisir. On ne prévoit aucune augmentation de gain pour ceux qui seront spécialement habiles à s'engager dans des travaux délicats ou d'une difficulté spéciale ou qui montreront leur capacité organisatrice ou administrative. Les membres qui voudront épargner le pourront, mais ils ne pourront employer leurs épargnes à exploiter leurs compagnons.

Tel était le programme de ces gens, qui étaient tout d'abord partis avec un capital d'armes dépassant de beaucoup les limites permises par la convention de Bruxelles, qui ne tolère que le transport des armes limitées à la défense personnelle.

Nous n'avons pas encore des nouvelles de ces voyageurs, qui semblaient, du reste, étant donnés leurs antécédents, plus disposés à ajouter une aventure à celles qu'ils avaient déjà courues, qu'à s'installer en défricheurs et en cultivateurs stables.

Les Anglais étaient : le capitaine Barchard, qui a exploré le Mexique et le Thibet ; M. H.-S. Bosanguet, qui, pendant une période de six ans, a voyagé dans l'Afrique du Sud ; M. W. Olingsby Godfrey, qui est célèbre parmi les joueurs de foot-ball, et M. H.-J. Cox, des chantiers de construction d'Yarrow.

Parmi les Autrichiens se trouvaient les docteurs Wilhem et Schmidt, membres bien connus du Club alpin, qui ont emporté les appareils nécessaires pour faire l'ascension du mont Kenia, haut de 5,600 mètres, et qui n'a pu être gravi jusqu'ici par l'expédition Teleki que jusqu'à la limite des neiges permanentes.

Dans cette entreprise, je n'aperçois pas de Français. Comment quelque socialiste convaincu ne s'est-il pas joint à cette expédition ?

La foi qui n'agit point, est-ce une foi sincère ?

Sans doute, il y a des groupes communistes qui ont réussi : mais ce n'étaient pas des groupes économiques, c'étaient des groupes religieux ; et ils n'ont prospéré que parce qu'il y avait autour d'eux une société qui contribuait à leur richesse : ils ont supprimé toutes les complexités de la vie qui résultent du mélange des sexes et de la procréation des enfants : et, malgré tout, ils ne sont parvenus à s'accroître et se conserver qu'en appliquant avec plus ou moins de rigueur la règle de la plus puissante de ces communautés, l'obéissance *perinde ac cadaver*.

Si les socialistes ne se hâtent pas de pratiquer la communauté des biens, du moins ils obtiennent un résultat.

Leurs menaces contre la propriété foncière ont pour résultat de la déprécier. Un homme prudent se dit que, prévoyant le danger, il peut réaliser des valeurs mobilières; il peut en placer à l'étranger, de manière à s'assurer contre le risque qui se produirait dans un pays; il peut transmettre de la main à la main des valeurs au porteur à ses héritiers et échapper aux mesures de confiscation dirigées contre les successions.

Les socialistes doivent être contents : ils arrêtent la plus-value de la propriété foncière et ils font des ruines partielles, en attendant l'apothéose de la ruine totale.

CHAPITRE VII

L'évolution et la régression.

I

Toutes les institutions qui empêchent la circulation
de la propriété foncière sont condamnées par l'histoire
du progrès économique, comme toutes celles qui empêchent la circulation des personnes, des valeurs ou
des marchandises.

La Révolution a commencé à affranchir la propriété
des liens féodaux : c'est son œuvre que nous devons

nous attacher à continuer, en assurant la sécurité de ses titres et la facilité de leur circulation.

Nous ne devons pas essayer de protéger le propriétaire contre lui-même : c'est substituer à sa responsabilité celle de gouvernants et de fonctionnaires irresponsables, souvent incompétents, dont les fautes n'ont pas de sanction.

Si un individu veut vendre, si l'autre achète, l'État n'a qu'un devoir : assurer l'exécution du contrat, en cas de refus de la part d'une des parties.

Si l'un veut emprunter, l'autre prêter, l'État n'a qu'un devoir : assurer l'exécution de la transaction entre les parties.

La valeur de la propriété est d'autant plus grande que sa facilité de circulation est mieux assurée. On achète d'autant plus volontiers un objet qu'on sait qu'on s'en débarrassera plus aisément. Tout acheteur d'un capital fixe[1] croit qu'il en fera un meilleur usage que le vendeur et, par conséquent, lui donne une plus-value.

Si la législation doit faciliter la circulation, le fisc ne doit pas l'entraver : c'est un contresens absurde qui domine tout notre système économique et empêche l'accroissement de la valeur de la propriété. Quand il faut, tous frais comptés, payer 10 pour 100 pour l'achat d'une propriété, on hésite ; si on la revend, voilà le cinquième de son prix absorbé.

L'homme vit pour l'action : il ne se développe que par elle ; il ne vaut que par elle.

1. F. sur la distinction des capitaux fixes et des capitaux circulants, MENIER, *l'Impôt sur le capital*; sur leur double jeu dans la production, YVES GUYOT, *la Science économique*.

Le progrès n'est pas le repos, c'est l'accroissement de la puissance d'action.

L'homme doit chercher l'application de la loi du moindre effort, non pas pour diminuer sa peine, mais pour augmenter sa force.

M. Lafargue l'assure de son droit à la paresse; nous voulons, nous, lui assurer la liberté du travail.

Toute institution, toute mesure qui a pour résultat de protéger l'individu contre la concurrence, l'atrophie.

Toute mesure qui assure plus de liberté et d'activité à la concurrence est utile au progrès humain.

II

Par leurs affirmations tranchantes, les socialistes sont arrivés à persuader qu'ils avaient reculé les limites de la science sociale; qu'ils avaient découvert des régions inconnues dans l'histoire humaine; qu'ils avaient détruit les lois économiques et découvert un nouveau droit.

Or, tous les faits sont en contradiction avec la thèse historique de M. Lafargue.

Sauf à l'étiage de la civilisation, nulle part nous ne trouvons de communisme absolu.

La notion de la propriété est en raison du développement de l'individualité.

Toutes les institutions établies pour maintenir immuable la propriété ont pour conséquence l'arrêt de développement des individus auxquelles elles s'appliquent. La propriété familiale ne se maintient que par l'autorité de la coutume; c'est la stagnation. Dès que la tradition perd de son autorité, il y a démembrement.

Toute organisation communiste comporte un allotement qui tend à se transformer en propriété individuelle.

Dans les tribus monarchiques, le chef concentre la fortune entre ses mains, qu'elle résulte soit du pillage des voisins, soit de l'exploitation de ses sujets.

Partout, en Égypte, au Mexique, dans l'Inde, à Rome, en Angleterre, en France, le domaine commun a servi à constituer des propriétés privilégiées pour des aristocraties guerrières ou théocratiques.

L'évolution de l'humanité ne s'est pas faite de la propriété individuelle vers la propriété collective. C'est le contraire. La propriété individuelle est d'institution toute récente; et quoique nous sachions que l'humanité ne se développe pas en ligne directe, que son évolution subit souvent des crises, des arrêts et des régressions, je considère qu'il est impossible que la propriété individuelle, à peine déterminée nettement depuis un siècle, en France, soit près de sombrer sous le communisme des civilisations primitives.

En tous cas, notre effort doit être de rechercher, d'étudier et de tâcher d'établir les institutions qui nous préservent de cette catastrophe.

III

Si le progrès s'affirme par la destruction du communisme et par l'établissement de la propriété individuelle, l'histoire nous montre comme corrélatives la liberté politique et la liberté économique.

Nous devons nous efforcer de les dégager de plus en plus des préjugés qui les obscurcissent, les défendre

contre tous ceux qui les attaquent, quels que soient
leurs mobiles et les noms dont ils s'affublent.

Les socialistes, par leur demande d'intervention constante de l'État dans le contrat d'échange et dans le
contrat de travail, réclament la mise en tutelle économique de tous les citoyens; mais s'ils ont ce pouvoir,
laisseront-ils la liberté politique? Comment concilieraient-ils ces deux contradictoires?

S'ils sont logiques et s'ils refusent la liberté politique, ils préparent le régime d'une tyrannie pire que
celle des Incas.

S'ils sont illogiques et acceptent la liberté politique,
comment concilieraient-ils, à la fois, la suppression de
la concurrence économique et le maintien de la concurrence politique?

IV

M. Lafargue et les communistes veulent supprimer la
concurrence dans l'avenir; mais pour préparer cet avenir, ils font appel à la *struggle for life* sous sa forme
la plus brutale et la plus féroce. Ils excitent tous les ins-
tincts de rapine, tous les sentiments de haine et d'envie. Criant qu'ils sont le nombre et la force, ils montrent aux foules ignorantes, comme idéal, la guerre
sociale et le pillage de « la société capitaliste ». Quand
« le rouge drapeau » aura flotté au-dessus d'un nombre
indéterminé de massacres et d'incendies, M. Lafargue et
ses amis promettent à tous les survivants une tranquille
Bétique où le premier des droits sera le droit à la paresse.

Préparés par cette série d'égorgements, les vainqueurs
seront doux, tranquilles, bienveillants et n'auront que

des sentiments de dévouement et de fraternité pour
l'humanité tout entière. La « Société » pourvoira à
tout, en mère tendre, juste et prévoyante. Elle donnera
au Fuégien et à l'Esquimau qui, grâce à leur misère, auront échappé au massacre, une quote-part de bonheur
égale à celle des Parisiens. Par quels procédés ? Mystère. Où siégera la Société ? Partout et nulle part. Pour
distribuer ce bonheur, il n'y aura ni gouvernants, ni
administrateurs, ni fonctionnaires, ni vendeurs, ni acheteurs, ni transporteurs, ni juges, ni gendarmes, ni police, rien ! et cela suffira !

« Mais comment ?

— Croyez ; car c'est un mystère. »

Les chefs socialistes ont raison. Leur clientèle est
celle des pèlerins de la Mecque ou de Lourdes, toujours en quête du miracle.

Ces gens avancés rappellent par leurs procédés certaines organisations féroces dont voici un type.

Hamdam, surnommé Karmath parce qu'il avait les
yeux rouges, accapara la secte des Ismaéliens, dispen-
sant ses fidèles de toutes les obligations imposées par
Mahomet, le jeûne, la prière, l'aumône, et proclama
la communauté des biens et des femmes ; exaspérant
toutes les passions, il appela à lui tous ceux qui
avaient des haines à assouvir et des appétits compri-
més à satisfaire. Il recruta des pauvres et des esclaves,
les lança au pillage des caravanes, les conduisit jusqu'à la Mecque, dont ils s'emparèrent et où ils détruisi-
rent la Caaba, comblèrent le puits de Zamzam et enle-
vèrent la Pierre noire.

C'est à cette secte qu'appartenaient les « assassins »,
appelés ainsi par corruption du mot « assissins », bu-

veurs de haschich, organisés par Hassan-Sabbah, à la fois ennemi des chrétiens et des musulmans.

Tout y est : l'appel aux haines, à la rapine, l'enivrement mystique, éclatant dans des insurrections, comme les Journées de juin et la Commune, ou dans des crimes individuels comme ceux de Ravachol et de Caserio.

A cette conception ignorante, immorale et barbare, j'oppose la conception du progrès basé sur la science, la production et l'échange.

Le grand danger de toutes les civilisations est que des idées anciennes ne l'emportent sur des besoins nouveaux. Socialistes et protectionnistes s'efforcent de faire prédominer les idées les plus opposées aux conditions caractéristiques de l'évolution humaine. Leur idéal est l'immobilisation des choses et des personnes par une autorité aussi tyrannique que l'étendue de ses attributions est peu précise.

M. Paul Lafargue est le plus parfait des réactionnaires. Il s'intitule révolutionnaire, mais il a contre la Révolution de 89 la haine rancuneuse d'un émigré qu'elle aurait dépouillé de ses titres et de ses droits féodaux ; et si cet aristocrate déchu voue la société actuelle au « chambardement », c'est afin de nous ramener au communisme « en retour » des Fuégiens et des Australiens.

J'attendrai probablement toujours le moment où je pourrai dire à M. Lafargue, partant pour aller en goûter expérimentalement les joies : « Bon voyage ! »

Quoi qu'il en dise après Vico, l'histoire ne se recommence jamais, parce que, dans les faits humains, il y a toujours de nouveaux facteurs. Il parle du progrès en spirale : où l'a-t-il vu ?

Or, qu'est-ce que l'évolution dont rabâchent si volontiers nos socialistes, sans connaître la valeur ni le caractère de ce mot? Elle signifie l'ensemble des qualités acquises par l'humanité depuis son apparition et transmises en s'accumulant à travers les séries de générations.

Mais, selon des expériences biologiques célèbres, notre organisme parcourt certaines des phases des types inférieurs au moment de son développement et a une tendance au retour vers le type des ancêtres.

Nous sommes soumis à l'atavisme social comme à l'atavisme physiologique.

La reprise du passé sur nous est beaucoup plus facile que le progrès. Nous le savons par l'exemple de ce Fuégien qui, élevé en Angleterre, débarqué en souliers vernis à la Terre de Feu, et au bout de quelques semaines avait repris les mœurs de ses misérables compatriotes. Nous le savons par de trop nombreux exemples de jeunes gens exotiques élevés dans nos écoles, ayant vécu de nos mœurs pendant plusieurs années, et, de retour dans leur pays d'origine, non seulement frappés d'arrêt de développement, mais ramenés au type de civilisation qu'ils devaient transformer.

Que, par conséquent, des hommes s'annonçant comme réformateurs et prophètes, avec de l'aplomb dans l'attitude, de l'audace dans les assertions, la promesse facile, la main largement ouverte vers l'avenir, le geste du semeur décrochant les étoiles, viennent proposer, comme un idéal de l'âge d'or devant nous, le retour vers un âge primitif, il est naturel, en vertu de la loi de l'évolution, qu'immédiatement quantité de gens se retournent vers cet idéal du passé, si misérable, si

17.

odieux, si choquant que nous le connaissions, et considèrent une régression comme un progrès.

Cependant, M. Lafargue et ses séides savent si bien qu'ils ne nous ramèneront pas à la barbarie par persuasion, qu'ils placent leur espoir dans « le rouge drapeau » et « les moyens que la science met à la portée de ceux qui ont quelque chose à détruire ». Mais alors pourquoi essayer des démonstrations du genre de celle que vient de tenter M. Lafargue ? Elles provoquent l'étude et la discussion. Imprudent, vous nous demandez de nous décider, après lecture et réflexion, à adopter un régime d'où serait bannie toute décision personnelle ; et par cela même, vous nous donnez une conscience plus nette de cette individualité que vous voulez détruire !

FIN

TABLE DES MATIÈRES

INTRODUCTION

LIVRE PREMIER

CHAPITRE PREMIER

Définition du capital et de la propriété.

LIVRE DEUXIÈME
La propriété et le régime féodal.

LIVRE QUATRIÈME
La situation et l'avenir de la propriété foncière.

CHAPITRE PREMIER
La répartition de la propriété foncière en France.

CHAPITRE II
Les adversaires de la propriété.

CHAPITRE III
Du droit de propriété.

Antagonisme du communisme et du patriotisme. — Si un individu ne peut être propriétaire, un peuple ne peut être propriétaire de son territoire. — Retour à la théorie de

CHAPITRE IV
La rente de la terre.

CHAPITRE V
La propriété foncière et le programme économique.

CHAPITRE VI
La propriété foncière et le programme socialiste.

CHAPITRE VII
L'évolution et la régression.